大活字本シリーズ

佐高信

福沢諭吉と日本人《下》

埼玉福祉会

福沢諭吉と日本人

下

装幀　関根利雄

福沢諭吉と日本人／下巻

目次

第九章　福沢に批判的だった池田成彬——137

第十章　福沢門下の三人の〝神様〟—— 173

第十一章　「脱亜論」と金玉均 ―― 253

第七章　適塾の青春

福沢諭吉別伝

広瀬仁紀という作家がいた。「福澤諭吉別伝」という副題の歴史小説『適塾の維新』(学藝書林)を書き、これは一九七六年度下期の直木賞候補作となった。一九三一年生まれの広瀬を鎌倉の自宅に訪ねたのは、もう二十年以上前のことになる。この小説は、幕末維新期に緒方洪庵の適塾に学んだ群像を描いたものだが、主人公ともいうべき二人の若い医学生の姿がすがすがしい。

「馬鹿野郎ッ！　医者なんぞそれほど偉えものじゃねぇ。ほかにすることがねぇからしている稼業だ。つまらねぇ遠慮をいつまでもうだうだといってやがると承知しねぇぞ」

当時、川人足に向かって、こうタンカを切るヒューマンな医者が実際にいたのかどうか、私は知らない。しかし、こうした川人足の親分、仁平の次のような気概は、そのまま作者のものであるだろう。

「先生ィかて、わいの異名の由来は知ってるやないか。人の災難を見れば、とんでいって疫病神を肩がわりせんといられんよって、疫病神の仁平と呼ばれているのや。後日の災難が怖うて人様の世話ができまっかいなッ」

——病者に対したなら、その病理だけを診ろ。その者の貴賤貧富などを気にしてはならぬぞ。

緒方洪庵はこう教えたという。

『適塾の維新』に続いて、広瀬は「巷談・芹澤鴨」と銘打った『洛陽の死神』や、薩長の前に立ちはだかり、岩倉具視の陰謀と対決した中川宮朝彦親王を描いた『青蓮院の獅子』（共に学藝書林）を発表した。そこでは、土方歳三や人斬り半次郎（後の桐野利秋）ら、悍強の徒が躍る。

のちに経済小説でベストセラー作家となる広瀬が、なぜ、幕末を書いたのか。こだわる理由を尋ねる私に、広瀬はこう言った。

「曾祖父が南部藩士で、最後の逆賊なんですよ。私はその汚名をすすぎたいんです」

自らが書いた歴史を絶対化しようとする、いわば勝者の官賊に対して、それはかなり困難な歴史の相対化作業である。

この曾祖父は日蓮信者だった。当時、侍で日蓮の徒は少なかったという。

その血を享けた広瀬の父も、酒に酔うと、

「薩摩を赦すことはできても、白河以北一山百文といった長州を赦すことはできない」

と繰り返し語ったとか。

東京出身の広瀬は制服のない学校である成城学園に学んだが、大学は慶応の文科に行きたいと思った。しかし、旧制盛岡中学出で、宮沢賢治や石川啄木の食えない様を目の当たりにした父親はそれを許さず、そのまま成城大の経済学部に進む。盛岡中学出で文筆で食えたのは『銭形平次』の野村胡堂だけだという。

名物は書生の虱とり

青春とは、とりわけ男性にとって不潔と同義語なのかもしれない。私は大学時代の四年間を東京は駒込にある山形県荘内地方出身者のための学生寮で過ごしたが、いま振り返れば、よく病気にならなかったなと思うほどに汚なかった。万年床で蒲団が綿だけになっていたり、タバコの吸い殻を文字通り山のように積み上げていたり、常人の意識では測れない豪の者が少なからずいた。

広瀬仁紀の前掲『適塾の維新』によれば、福沢が学んだ適塾もそうだった。

師の洪庵は当時、第一等の蘭学者であり、日本一の名医といわれているのに、福沢を含む門下生たちはホームレスのような姿で大坂の過(か)書(しょ)町界隈を歩いていた。

「適塾の名物いうたら、書生の虱とりや」

などとも言われている。

しかし、福沢たちは意気軒昂だった。

獣肉を扱うくせにそれを口にしない親父に向かって福沢は、

「どうもなんだな、これほどうまいものを商いながら、それを食わんというのは、少し頭がどうかしとるんじゃないか、えェ親父」

と言い、店の土間にいる川人足に、

「いまでこそ獣肉は嫌われているがな、やがて日本中の人が食うようになるぞ」

と予告し、その理由を問う人足に、

「米と野の菜ばかりを食っていては、出る知恵も出なくなるからさ。第一、身体の背丈がこうこまかくては、力も足りず、碌なことができんではないか。現に海の向うの異人たちは……」

と説きかけたが、同席していた書生に、

「諭吉、異国のことは塾で話せ」

と止められる。

まだ、鎖国は続いていたからである。

それでも、すでに適塾の塾頭となっていた福沢は、まだ慣れていな

い書生に、

「とにかく食え。食って封建の世のしがらみを忘れることだ」

と勧め、酒を飲み、牛肉を食いつつ、断言した。

「この世には、士農工商という身分がある。と人はいうがな、なァに、それはそれぞれの商売さ。どれが偉くて、誰が偉くないなんぞということはありはしない」

反論したそうな若者を無視して、福沢は続ける。

「侍、侍というがな。あれらは先祖の余禄をこうむって、ここ三百年を生きてきただけさ。だからみろ、殿さまといわれる連中から押しなべて、あらかた阿呆ばかりだ」

刀なんぞという重い物をさしているから侍の頭は悪くなると放言す

る福沢の腰には、もちろん刀はなかった。

福沢と同年の橋本左内

梅溪(うめたに)昇の『緒方洪庵と適塾』(大阪大学出版会)によれば、都道府県別に見た門下生は山口が一番多く、五十六人を数える。次に洪庵の出身地の岡山が四十六人で続き、佐賀が三十四人で、兵庫、石川、福岡が同じ三十三人である。北海道や鹿児島からも入っているから、文字通り、門下生は全国にわたる。

福沢より先に入っていた門下生には、日本赤十字社を開設した佐野常民や、村田蔵六こと大村益次郎らがおり、福沢のすぐ後に塾頭となったのが、「北里柴三郎を助ける」の章で、しばしば登場した長与専斎である。

福沢と同い年の橋本左内は、師の洪庵をして「彼は他日わが塾名を揚げん、池中の蛟龍である」と嘆賞させたほどの英才だった。結局、刑死することになったが、橋本の過激な思想と行動が福沢に、より穏やかな改革を志向させた可能性は大いにある。

たとえば岳真也は『福沢諭吉』青春篇（作品社）に、次のように書いている。

「橋本左内のことがなかったならば、あるいは後年の諭吉は、より密接に政事――政治にかかわっていたかもしれない。もちろん、それだけではないが、政治権力の中枢にはいりこむことの無益と危険とを、彼はひとつに左内からまなんだのだ」

福沢より後に適塾に入った橋本と福沢の出会いの場面を岳の本から借りよう。

「橋本くん、彼が現塾頭の福沢諭吉くんだ……なかなかに面白い男ですからね。知っておくべきですよ」

洪庵にこう紹介されて、お互い、よろしくと頭を下げた。

「福沢くんは、どちらかというと晩生といえようが、橋本くんは早生ですな。何しろ齢七つにして漢籍を習いそめ、十歳のときにはもう『三国志』全六十五巻を読み通したというほどだからね」

さらなる洪庵の紹介を受けて福沢が、

「耳にしておりますよ。幼な心を排して、意気を盛んにし、立志のうちに忠孝と勉学にはげむ。よき友をえらんで徳をみがき、天下の英傑とならん……ですか」

　と橋本が十五の時に書いた『啓発録』の一節を読みあげると、橋本は、

「まさに若気のいたりで……お恥ずかしいかぎりです」

　と照れた。さらに福沢が、

「昨今の武家は、なりや見てくれこそ仰々しく飾りたててはいるが、その実態は百姓、町人より劣った者が多い、とも書かれたようですね」

　と言うと、橋本は、どんなに愚かでも名家に生まれた者は高禄をはみ、貧しい家柄の者は微禄のままというのは許し難いと答えて、福沢と共鳴した。

「福沢の大酒、鶴見の大飯」

適塾の塾生時代、福沢に牛肉屋に連れて行かれ、

「獣肉を呑みこめというのは、この世の愚かしい掟を呑みこんでしまえということだ」

と教えられた鶴見斧吉が、武田太郎と共に、慶応四（一八六八）年に新銭座の慶応義塾を訪ねる。

『適塾の維新』から、その久しぶりの出会いの場面を引こう。

「りゃりゃ、お前たちか。まさか幽霊ではあるまいな」

「冗談じゃありませんぜ、福沢さん。昼飯前から化けてでる幽霊なんぞありゃせんでしょう」

「それにしても、武田も鶴見も無事でなによりだった。まだ所どころ畳もはいっていないような家じゃあるが、遠慮せずに上がれ。とにかくも躰をやすめることだ」

そして武田が茶漬を所望し、鶴見がそれを叱りつける。福沢は笑って、

「そうがみがみというな。お前さんだとて、適塾の頃は飯がおくれると、腹がすくほど世の中で悲しいことはないとこぼしていたではないか」

と肩を叩いた。

適塾では「福沢の大酒、鶴見の大飯」ともっぱらの評判だった。

そんなことを思い出している鶴見のそばで、福沢が奥に声をかける。

「適塾の仲間が江戸に出て、腹がすいてたまらぬといっている。冷飯でも茶漬でも、ありあわせの物をみつくろってたらふく食わせてやれ」

その言葉に武田があわてて、

「福沢さん、仲間はいけませんよ……仲間は」

と福沢の袖を引いた。

なぜ、と尋ねる福沢に武田が続ける。

「当り前でしょう。福沢諭吉といえば、当代の洋学者だ。その人が、われわれ風情を仲間扱いにしたら名の瑕瑾（きず）ではありませんか。後学書生のなれの果とでもいってください」

福沢はそれに大笑いして、

「昔馴染を仲間といって何が悪い。くだらん心配をしていないで、こちらに来い」

と武田の肩をつかんだ。

肩をつかまれたまま、武田は涙をぬぐう。昔とかわらぬ福沢の好意になつかしさとうれしさがこみあげたのである。

部屋に通された二人は、

「おひつをかたしてしまうとはいわんから、もう少し落ちついて食え」

と福沢が注意しなければならなかったほどの勢いで、飯をかっこんだ。

大坂からの海路が時化たのと、古米だったので、ろくに飯が食えなかったのである。

適塾と義塾

『福翁自伝』に、噴き出さずにはいられない適塾時代の逸話が書いてある。

ある夜のことである。福沢が二階に寝ていると、下から女の声で、

「福沢さん、福沢さん」

と呼ぶ声がする。

うるさいな、手伝いの女たちめ、いまごろ何の用なんだ、と思いながら起きて、素っ裸のまま、階段を跳ね下り、

「何の用だ」

と怒鳴った。

ところが、呼んでいたのは手伝いの女ではなくて、緒方洪庵夫人の八重だったのである。

そのままの姿で坐っておじぎすることもできない。進退窮して身の置きどころがなかった。夫人も気の毒と思ったのか、物も言わずに奥に引っ込んだ。翌朝おわびに行って、昨晩は失礼つかまつりました、と陳謝するわけにもいかない。結局、何も言わずに過ぎてしまった。適塾を出て四十年後に再訪したことがあったが、その一件を思い出して福沢は「ひとり心の中で赤面」したという。

そんな福沢が適塾の後輩の武田に慶応義塾の書生の「際限もない悪さ」をこぼす。

「便所の壁から始まって、家内の壁から障子、どういうつもりか行燈にまで、連中、落書きをしやがる。手がつけられんとは、このことだ」

『適塾の維新』によれば、武田はそれに対して、

「福沢さん、適塾だってそうでしたぜ」

と返した。

「二階の窓格子なんぞ、煮たきの火種にするという奴らに斬りとられて、一本もなかったぐらいですからな」

と武田に言われて、福沢も往時を思い出し、苦笑せざるをえなかった。

「それはそれ、これはこれだ……。義塾では、落書き一切を停止し

た。規則は厳守させねばならぬ」

と福沢は反論したが、説得力は弱い。

のちに福沢は慶應義塾出身者に乞われて演説し、慶応義塾の由来について、こう語っている。

「……兵馬騒擾（そうじょう）の前後に、旧幕府の洋学校は無論、他の私塾家塾は疾く既に廃して跡を留めず、新政府の学事も容易に興る可きに非ず。苟も洋学と云へば日本国中唯一処の慶応義塾、則ち東京の新銭座塾あるのみ。世人は之を目して孤立と云ふも、我は自負して独立と称し……我党の士に於て特に重んずる所は人生の気品に在り。抑も気品とは英語にあるカラクトルの意味にして、人の気品の如何は尋常一様の徳論の喋々する善悪邪正などと云ふ簡単なる標準を以て律す可らず」

急死した師、緒方洪庵

「先生の平生、温厚篤実、客に接するにも、門生を率ゐるにも、諄々として対応倦まず、誠に類ひ稀れなる高徳の君子なり」と福沢が評した緒方洪庵が文久三(一八六三)年六月十日、江戸は下谷の屋敷で大喀血を起こして急死した。享年五十四。現在の満年齢で言えば五十二歳の天逝だった。

その知らせを受けて芝新銭座の家塾にいた福沢は仰天して走り出す。沈着冷静な福沢には似合わぬあわてぶりだった。

ほぼ三里の道程を福沢は足袋はだしで走り続け、学所頭取屋敷の門内にとびこんだ時は、福沢自身が息絶えだえだった。

医学所の書生に支えられるようにして病室に通されたが、すでに亡くなっていることを知って、福沢はそのまま、崩れ落ちた。

「先生ッ！」

声を限りに絶叫しつつ、福沢は顔をおおって号泣した。

この師との出来事が次々と浮かんでは消え、浮かんでは消えた。

適塾の書生だったころ、福沢が病に倒れ、朋輩の医師の内藤数馬が、

「これは駄目だ。もう長くはありませんぞ」

と囁いているのを夢うつつに聞いていると、緒方の声がした。

「内藤君、そこを何とかするんです……この者は十年に一人、いや、百年に一人出るかどうかというほどの大器、逸材なのだ。わたしは、そうと見ている。ぜがひでも助けてやってほしい」

「そう言われましてもね。もはや末期の症状で、どうにもならない……手のほどこしようがありませんよ」

死相すらも出ているとの内藤の言葉を聞いて、逆に福沢は意識を取り戻す。

「貴君は歳も若いし、ふだんから元気で壮健なせいでしょう」

元気になった福沢に緒方はこう言ったが、それだけではなかった。

岳真也は前掲『福沢諭吉』青春篇に、その時の福沢の思いを忖度して、こう記す。

「枕もとで聞こえた師の必死の願い。百年に一人の逸材との言葉……諭吉自身のなかにも、生きて、この世にもっとふかく、するどい痕跡を残したいとの意思があった。光の渦中を漂い、その快感に身をまかせるのはたやすかったが、それだけになおさら彼はそんなおのれを否み、死んではならぬ、生きるのだ、と強く望んだのである」

この緒方の夫人、八重を福沢は「私がおっ母さんのようにしている大恩人」と繰り返し述べた。八重の墓碑には「門生を待つに誠切なること子の如し。あるいは塾則を犯せばすなわち従容として戒論して先生をしてこれを知らしめず」とある。

緒方の師恩の深さ

「余が著訳の平易を以て終始するは誠に先生の賜にして、今日に至る迄無窮の師恩を拝する者なり」

福沢がこう述懐した師の緒方洪庵は、すでに訳し終えた翻訳書にも、より平易な文章にするため、繰り返し手を入れた。知識を一部の者の独占物にしないということだろう。

『福沢諭吉』青春篇に適塾生の小西健太と高橋順益が大阪は天満橋の橋の下にいる物乞いたちの回診に行く場面がある。あるとき、塾頭の福沢もついて行った。

「偉いですねぇ」

と福沢が言うと、小西が、

「なーに、左内ほどではないわ」

と答える。

「左内？　……昔、塾にいた橋本左内のことですか」

と尋ねる福沢に小西は、

「そうや。福沢、お前は超のつく秀才やし、村田の蔵六さんや大鳥圭介も賢かったが、左内はほんまもんの麒麟児、天才やった」

と返す。

同い年の橋本を福沢が意識していたことはすでに書いたが、小西は続けた。

「福沢には聞かしといたほうがよかろうがな……もとはといえば、天満橋下の乞食たちへの回診も、左内が連中を診たのがきっかけになっとるんや」

散歩が好きで、よくこのあたりをぶらぶらしていた橋本は急病人が出たと呼びとめられ、以来しばしば診療に行くようになった。

それが塾内の噂となり、緒方の耳にも入る。

「……先生はきっと左内さんをよんで、褒めたのでしょう」

福沢がこう言うと、小西は、

「ようわかるな、福沢」

と驚いた。

緒方はつねづね、医師たるもの、間違っても貴賤貧富をかえりみてはならない、医術をもって、よろずの民の病苦を救済すべし、と説いている。それを思えば、緒方の答は容易に予想ができた。

岳真也は、緒方との出会いがなかったら、福沢の『学問ノススメ』のとりわけ著名な書き出しは生まれなかったであろう、とまで言う。

「天は人の上に人を造らず、人の下に人を造らずと云へり」

これもアメリカ合衆国の独立宣言の翻案ともいわれるが、いずれにせよ、福沢の自由平等思想は緒方によって育まれた。それほどまでに緒方は福沢にとって大きな存在だった、と岳真也は指摘する。緒方は文字通り、福沢の師父だった。

俗にも通じた適々斎

大坂は北浜の過書町にあった適塾の看板には「適々斎塾」とあった。適々斎は緒方洪庵の号の一つである。

これは『荘子』の「伯夷、叔斉のような人たちは、人の役(いとな)みを役みとし、人の適(たの)しみを適しみとして、自らその適しみを適しみとせざる者である」という一節に由来する。平たく言えば、人のため世のために尽くすことを緒方は自らの適しみとするということである。

この適塾に福沢の書いた軸があった。

適々豈唯（あにただ）風月のみならんや
渺茫（びょうぼう）たる塵界自ら天真
世情説くを休（や）めよ
意の如くならずと
無意の人は乃（すなわ）ち如意の人

つまりは「適々」は風流のみでなく塵界にあるというわけである。
梅溪昇の前掲『緒方洪庵と適塾』によれば、緒方は病気がちであったにもかかわらず、医者として往診をよくし、それも正月二日から始めた。風邪などで往診できない時は、古川洪道のような優れた門下生を代診に出したという。

しかも、世俗に通じて趣味も広く、堅苦しい学者一辺倒の人ではなかった。

和歌をたしなみ、歌会を適塾で開いたりしている。母の八十八歳の祝宴を故郷でやった時には、自分の和歌を書いた盃を焼かせて親類に配っている。また、ある門人に宛てた手紙では「囲碁はときどき有馬、岩谷など相手に打っているが、みな一向に上達せず同様なので、このごろは飽きがきて面倒くさくなった。お笑いください」などとも言っている。

緒方の曾孫の緒方富雄が書いた『緒方洪庵伝』（岩波書店）に、緒

方洪庵の歌がまとめてある。かなりの数だが、「五十になりし年に」という詞書がついて、

大方の人におとらで事もなく
五十路の春を迎へつるかな

とある。しかし、緒方が急逝したのは、それから数年後だった。その師弟の結びつきはもちろん、塾生同士の交友の深さも並大抵のものではなかっただろう。私は自分が送った四年間の学生寮時代からそう思う。慶応を出て郷里に帰り、高校の教師となった私は、五年余りで公私ともにゆきづまり、自殺を考えるまでになっていた。それを

知って二年上の先輩、門脇厚司が、ともかく辞めて東京に出て来い、と言い、夫人と子どももいたのに二DKの団地に私を居候させ、新しい職まで紹介してくれたのである。当時、門脇は三十歳を過ぎたばかり。私に同じことができるかと言われれば、できないと答えるしかないが、私たちのいた寮にも適塾的雰囲気はあった。

交通事故に遭った寮の先輩

六月十九日昼、前節に書いた大恩人の門脇厚司が交通事故に遭い、大怪我をした。一命はとりとめたが、集中治療室に入っている。門脇について私は一九九五年六月十日付『日本経済新聞』文化面の「交遊抄」にこう書いた。

〈文字通り足を向けて寝られない人がいる。現筑波大教授の門脇厚司さんである。

一九七二年春、山形県立酒田工業高校の社会科教諭だった私は、教育闘争をしない日教組への苛立ちと私的には離婚の危機を抱えて憔悴しきっていた。そんな折に久しぶりに帰郷した門脇さんと会い、「ともかく教師をやめて上京しろ」と言われたのである。

門脇さんは私が一九六三年から六七年まで入っていた学生寮（山形県荘内地方出身者が入るその寮は東京の駒込にあり、荘内館と呼ばれていた）の先輩だった。門脇さんは東京教育大、私は慶大と大学は違っていたが、社会学専攻の門脇さんにはマックス・ウェーバーの手ほどきを受けたり、人生相談にも乗ってもらったりと、ずいぶん世話になっていた。

二年上の門脇さんが寮の日誌に書いた「苦悩論」は、自殺を考える人間こそ正常なのではないかというもので、それを読んだ時の衝撃はいまでも忘れられない。

その後、大学院に進んだ門脇さんは院生として大学改革に取り組み、しばらく大学を離れる。私が七二年春に会った時には日本経済新聞社の企画調査部に勤めていた。当時、門脇さんは三十歳を出たばかり。鶴岡南高の同級生の艶子夫人との間に生まれた欣一郎君と共に埼玉県上尾市の二DKの団地に住んでいた。そこに私が転がりこんだのである。

忙しい中を門脇さんは勤め先も紹介してくれ、私は東京は神田にあった経済誌に入ることになった。そして大宮にアパートをさがし、移るまでの一カ月近くを門脇夫妻は居候させてくれたのである。そのとき、まともにお礼をしたおぼえもない。家からは勘当状態だったし、経済的余裕もなかった。

私に同じことができるかといわれれば、できないと答えるしかないだろう。その後も門脇さんは私にまったく恩着せがましい態度をとらない。私はただただ頭を下げるしかないのだが、かつて大川周明も入っていたというこの寮の先輩には、国立がんセンター名誉総長の杉村隆さんもいる〉

のちに門脇は『子どもの社会力』（岩波新書）というベストセラーを書き、筑波学院大の学長もつとめる。

福沢諭吉がいた当時の適塾の塾生は四十名ほどだった。荘内館もほぼ同じぐらいの人数で、そこでは、門脇と私のように、濃密な人間関係が育まれたに違いない。

天性の教育者

適塾を開いた緒方洪庵は非常に筆まめな人だったという。塾生によく手紙を書いたらしいが、私が入っていた学生寮の寮監、佐藤正能（まさよし）も、身をもって私たちにその大切さを教えた。東京帝大法科を出ながら栄達の道を歩まず、横浜国立大学の教授となった佐藤は、『心の花』同人の歌人でもあり、「聞きたきは抱負に非ず国政の重きを畏（おそ）る一言なるを」というビシッとした歌もつくっている。

青年期に大正リベラリズムの洗礼をたっぷりと受けた佐藤は、寮生のわれわれに対しても、「君たちは大学生なんだから、私は箸の上げ下げまで指図はしない」と、門限、寮則等はほとんどなしだった。但し、落第した場合と女人を泊めたことが発覚した場合は無条件に退寮。しかし、こうしたこまごました「規則」よりも、午前二時過ぎまで監督室で勉強する佐藤の存在そのものが、われわれにとっての無言の寮則であり門限だったのである。ちなみに監督室はちょうど玄関の真上にあり、坂を登ってくる途中から見えるその部屋の電気がついているだけで、われわれの酔眼をさますに十分だった。といって、佐藤がとくにコワイ人だったわけではない。

自動式エレヴェーターが珍しく
用事ありげに何度も上下す
狂ひなくつり銭を出し切符出す
自動販売機をしばし見つむる
飲める水がいつも蛇口のところまで
来てゐることが不思議でならず

これらの歌が巧まずして語っているように、佐藤は童児のように無邪気な好奇心と、尽きることなき野次馬精神をあわせもった人であり、郷土力士柏戸の相撲に身をのりだし、テレビのプロレスに思わず声を高くする人でもあった。

　少年の非行を責むる声高し
　　思へ大人の真似ならぬなきを

と、「いまどきの若者」論を厳しく斥ける一方で、

　十八、九は若さのさかり競ふべく
　「入試地獄」などと弱音吐く勿れ

と若者をも叱咤する天性の教育者だった。
ある先輩は、学生運動で警察に留置され、佐藤に迎えに来てもらっ

たこともあるというが、労多くして報いられることのほとんどないこの「監督業」について、佐藤はまったく報酬を受けとっていなかった。緒方洪庵も「天性の教育者」だったのだろう。緒方も歌人であり、こんな歌を遺している。

のちの世の闇のためにも焚きのこせ
更くる夜川の瀬々の篝火（かがりび）

福沢らを通じて、「篝火」は確かに現在に受けつがれている。

第八章　福沢精神の体現者、松永安左衛門

おじぎをして怒られる

福沢精神を体現した門人の筆頭は「電力の鬼」といわれた松永安左衛門だと私は考える。松永は徹底して在野に生きた。交友関係も広く、戦争中に電力の国家統制に反対して一切の役職を退き、伊豆の堂ヶ島に隠棲した松永を訪ねた客は、小島直記の松永伝『まかり通る』（新潮文庫）によれば、長谷川如是閑、志賀直哉、安倍能成、谷川徹三、武者小路実篤、和辻哲郎、梅原龍三郎等々、多岐にわたる。もちろん、これらの文化人と松永耳庵が仕事の話をしたわけではない。

松永は、九十歳を過ぎたある年に電力関係の祝賀会が開かれた時、通産大臣の代理が出ている席を見ながら、こう言った。

「僕は、今日は電力一筋に生きてきたものとしてあいさつするのだが、通産大臣は電力に対して何の功労があるか。その大臣の席が僕の上席にある。こんなことでは、電力界は日本のエネルギー・パワーを背負って、大衆のために灯りをつけることはできぬ。電力界は、役人の奴隷になっているのか」

この松永に『人間　福澤諭吉』（実業之日本社）と題した本がある。

昭和三十九（一九六四）年、松永が九十歳を迎える直前に出したものだが、冒頭の逸話からしておもしろい。福沢を景仰するあまりに、福沢の「あの比類をみぬおおらかな人間味、あの闊達自在な庶民性を、いささかでも没却し去ることになってはならぬ」と強調する松永が、福沢の「ジッブッにお目にかかったのは、慶応へ入学して間もなくのこと」だったという。明治二十二（一八八九）年で、時に松永が十四歳、福沢は五十四歳だった。

ある日、松永は校庭で教師に会い、足をそろえて、ていねいにおじぎをした。

ところが、まだ、頭を上げないうちに、後ろからポンポンと背中を叩く者がいた。振り返ると、六十歳近い老人がむずかしい顔をして立っている。そして、こう言われた。

「お前さんは今、そこで何をしていているんだね」

尋ねられた松永が、

「先生にお辞儀をしました」

と答えると、その老人は、

「いや、それはいかんね。うちでは、教える人に、途中で逢ったぐらいで、いちいちお辞儀をせんでもいいんだ。そんなことを始めてもらっちゃこまる」

と注意をした。これが「着流しに角帯、股引（ももひき）履きに尻ッぱしょりという姿の福澤先生」だったのである。福沢によれば、松永たちに教えているのは、「年も上、勉強もちっとは進んどるだけ」のお前さん方の仲間で、「ここで先生といえば、まあこのわたしだけなんだが」、福沢にもおじぎする必要はなく、自然な会釈だけでいい、と戒められたのである。

トリ鍋事件

松永は慶応を一度中途退学して再び入り直している。松永が福沢に「ほんとうに接近し得た」のは、再入学してからだった。年齢も二十歳を過ぎている。

当時、学生の寄宿舎は福沢邸のすぐ隣にあった。というより、福沢邸の一角に寄宿舎があったのである。

その福沢邸では鶏をたくさん飼っていた。それが松永たちには「眼の毒」で、締めて食ったらうまいだろうという誘惑を抑えるのが大変だった。しかし、ある時、遂にその誘惑に勝てず、こっそり一羽を捕まえて、五、六人で食べてしまった。

松永の前掲『人間 福澤諭吉』によれば、「こんなときに私がいつもリーダー格を買って出るので、その料理方なども一切、得意になって引き受けた」という。問題はその後始末で、寄宿舎の裏庭に穴を掘って埋め、「完全犯罪だ」と平気な顔をしていた。

ところが、二、三日後、福沢から名指しで松永たちに晩飯をごちそうするからというお呼びがかかった。

何か変だなと思いながら出かけると、この間こっそりやったのと同じトリ鍋である。

「どうだ、うまいだろう。もっと食え、もっと食え」

と福沢はすすめる。

しかし、松永たちは咽喉につまって、なかなか食べられない。それでも腹いっぱいに詰め込んで、いい気持ちになって帰ろうとしたら、福沢が言った。

「鳥鍋ていどなら、月に一度ぐらい、わたしが御馳走しますよ。よかったらちょくちょくおいでなさい。よそのニワトリなんぞには眼をつけんがよろしい」

松永以外の仲間はこれですっかり恐縮してしまったが、恐縮しつつも松永は、このお声がかりをいいことに、それから遠慮なく福沢邸を訪ねたというのだから、やはり豪の者である。

後で聞くと、バレたのは、松永たちが埋めた鶏の骨などを、どこかの犬が掘り荒らしたからだった。

「羽根も骨ガラもそこら中にとりちらされ、レグホン行方不明の拐帯犯人が、苦もなくそれと福沢探偵局に判ってしまったらしいのである。わるいことはなかなか上手にできぬものだ」と松永は述懐している。

「まず最初に、福沢先生がどれくらいの偉さに在る人か」と松永は前記の本で問うて、自ら「日本始まって以来、たった三人しか数えられない中での偉さ」だと答える。その三人とは、聖徳太子、弘法大師、そして福沢だという。これには泉下の福沢も苦笑しているのではあるまいか。

福沢にギャフンと言わされる

「小林一三さんと、藤原銀次郎さんと、どちらがエラかったんでしょうか」

とか、

「武藤山治さんと、池田成彬さんと、どちらがエラかったんでしょうか」

とか、松永安左衛門は彼らを知っているが故に、そうした愚問に接したという。それに対して松永は「小林は小林でエラかったし、藤原は藤原でエラかった。武藤は武藤でエラかったし、池田は池田でエラかった。私はいつも、これにはノー・コメントで来ている」と『人間福澤諭吉』で語っている。そして「この松永の爺イだって、他の連中にみられない何処かエライところがあるかも知れない。自分でそういうのだから、まあ間違いがあるまい」と付け加えているのである。

そんな松永が福沢を「聖徳太子、弘法大師とならべて、日本開闢以来の三大偉人」と呼ぶ。門下生の贔屓目と言われるかもしれないが、「しかし、私のヒイキが如何に大きくて、いわゆる引き倒しにすらなろうと、ご本尊の大先生は、そんなことでビクともするもんじゃあない。引き倒しの綱が切れて、こちらがひっくり返るぐらいがオチである」と、怯む気配もない。

トリ鍋事件にもかかわらず、福沢宅に押しかけたり、福沢の毎朝の散歩のお伴をしたりして、福沢にかわいがられるようになった松永は、

ある時、福沢に、

「お前さんは壱岐の島の生れだそうだが、壱岐には何か変ったところはないか」

と聞かれた。

川らしい川がないと答えたが、他にないかと問われ、壱岐の海女は日本一だと自慢して、

「何しろ、ドブン、ドブンと海へ飛び込んで、二十分でも三十分でもずっともぐり、あわびや海藻を取ってくるからえらいもんです」

と吹聴した。すると、福沢が、

「ちょいと、お待ち……」

と手を上げ、

「だれか洗面器に水を入れて持っておいで。それとも、手拭いかハンカチで松永君の口と鼻を押えておやり。松永君がどれだけイキをしないでおれるかためしてやろう」

と言う。松永は驚いて逃げ腰になった。

「そうれご覧、人間が二十分も、三十分も海へもぐっておれるなんて、お前さん方ガクシャのいうことではない。人間の肺臓は一呼吸一分がもてるか、もてないかだ。それを二、三十分もなんて、デタラメにも程がある」

でも、そう思ったのだと釈明する松永に福沢はこう追い討ちをかけた。

「そう思ったなら、そう思ったことが事実かどうか、今ここでためしてみよう。わたしが時計をもって時間をはかるから、お前さんは洗面器に顔を突っ込むがよい。不確かなことは、何事も事実でためしてみるのが学問というものだ」

福沢の品行方正哲学

福沢の晩年に、松永たち塾の卒業生が集まって福沢と打ちとけた話をした。ある時、川谷三二という遠慮のない男が福沢にズバリと尋ねる。

「先生は品行方正だと威張っておられますが、若い頃には、女郎買いぐらいにはやっぱり行かれたでしょう」

『人間 福澤諭吉』によれば、さすがの松永も思わず息をのんだというが、福沢は少しも騒がず、こう答えた。

「ところがそうでないんだ。私は幼少の頃から酒が好きで、酒のためにはずいぶんと苦労もし、わるだくみもして来たが、品行はあくまでも方正、これだけは青年時代の乱暴書生にまじっても、家を成して後、世の中のさまざまな連中と交際しても、人とちがって少しは大きな口が利けた。

人間は何も汚ないことの全部を知る必要はないが、たとえ汚ないことを知ったとしても、それを必ずしも実際行うには当らない。世間ではいろいろ理屈をつけて、その汚ないことをしているようだが、私は若い頃からむしろそれに反発して、そういう仲間に加わらぬのを愉快として来ている。花柳社会の消息も、人の話を聞けば、その様子はたいていこまかにわかる。そんなつまらぬことは、判ったら判ったで平気に済ましておればそれでよい。何も彼もすっかり判っていて、敢えて身を鉄石に守り抜くのが私の行き方、いわば朱にまじわって赤くならぬのが建て前。これはなかなかに難しいことだが、難しければ難しいほど、むしろ私は大きな誇りに感じられるのである。

今時の大臣、参議、学者、実業家など、みんなえらそうな顔で威張ってはおるが、こういう点では、まったく人の風上にも置けぬ連中ばかりである。そのうちで私は、彼らに出来ないことを為しおおせて来たという誇りで、心ひそかに大満足である」

松永たちを前にしての福沢の品行論は、なお長々と続いたという。

「人がやるからといって、つまらぬことに何も敢えて盲従はしない。

また人がやらぬから、いや人にやれぬからこそ、敢えて自分がやってみせようというところに、私は福沢先生の真面目、『我れ天下に一人在り』の気概を受け取った」と松永は述懐している。

しかし、松永は福沢のこの品行方正哲学を受け継がなかった。在野の生き方を貫いた点では福沢精神を継承したのだが、こちらの方は福沢に「敢えて盲従はしな」かったのである。

そちらの方を「つまらぬこと」と思わなかったとも言えるし、「朱にまじわって」、さまざまな逸話を残した。

「女の問題」という判別法

福沢から品行方正哲学だけは受け継がなかった松永の「女の問題」

を書く。松永は近衛文麿を嫌っていた。それで、昭和十二（一九三七）年に近衛が四十六歳の若さで首相になると、

「あの男はいかん。信用できん」

と苦い顔をした。

松永が近衛に「信用できない男」というレッテルを貼ったのは、大正八（一九一九）年春のある出来事によってである。

その年、ブリュッセルで開かれた万国国会議員商業会議に出席した松永は、第一次世界大戦の講和会議に随員としてやって来た近衛と会い、親しくなる。当時、近衛は二十七歳、松永は四十三歳だった。そして、帰国の途中ロンドンに寄り、二人で女遊びをしたのだが、あるとき、二人はそれぞれの相手に次の金曜日に来ることを約束した。と

ころが、その日になって近衛は「疲れた」と言い、仕方なく松永は一人で出かける。それで、近衛を待っていた女から、

「日本の貴族はウソつきだ。イギリスの貴族は女にウソをつくなんてことは絶対にしない。わたしは近衛のために他の約束を全部断って待っていたのに、どうしてくれるのか」

と詰め寄られた。困った松永は、近衛の分もカネを払うと言ったが、その女は、

「あなたからもらう理由（いわれ）はない」

と拒否し、

「二度と近衛には会いたくない。近衛という男を心から軽蔑する」

と吐き棄てた。

それで松永は後味の悪い思いをして帰って来る。ところが、「疲れ」ているはずの近衛は別の女のところへ行っていたのである。

「何という男か」

と松永は思った。

他の女と寝たくなったのなら、そう言えばいい。自分にもウソをつき、女をも欺く。この男は信用できない、と松永は肝に銘じた。

だから、二十年近く後に、国民の圧倒的な人気をバックに近衛が首相になった時は、やりきれない気持ちだった。

近衛内閣が誕生した日、松永は、

「浮かれ革新めが！」

と一言の下に切り捨てたという。

案の定、近衛は軍部を抑えられずに電力の国家管理を推し進め、軍部独走への道を開いていく。

「女の問題」でみせた近衛の無責任さ、調子のよさは企業の息の根を止め、日本から自由をなくしていった。

そんなものはなくても福沢は人間の真贋をまちがわなかったのかもしれないが、とりわけ男にとって、「女の問題」はそれを測る確度の高いリトマス試験紙となる。

電力国営に反対し通す

『人間 福澤諭吉』を語った松永安左衛門によれば、福沢はこう言っていたという。

「私は開化日本の筋書きをかく。それを舞台の上でいろいろ実演してくれるのが、明治政府の当局者たちだ。みんな一所懸命やって呉れた。私がかいたり、しゃべったり以上にも、よくやって呉れたところもある。その舞台をみて、客が泣いたり、笑ったり、囃し立てたりした。時には筋書どおりいかないので、私も不満、お客もすこぶる力を落したこともないではない。しかし、私はそれがうまくいっても、いかんでも、終始客席のあいだに交じりとおして、面白いところには手を叩き、まずいところには眉をひそめるだけで、自分自身が舞台に立って、役者に代わろうと思ったことなど、ついぞ一度もなかった。

私は政治に関する限り、いつでも作者の立場、もしくは観客の立場で満足していたし、またそれを押しとおすのが、自分本来の役目と心得ていた」

福沢に学んだ松永も同じ思いだったのだろう。しかし、軍部と一体となった昭和政府は松永を「観客の立場」から去らせる。

近衛文麿が首相になったころ、松永はアメリカの友人のラモントから、

「国営の下に役人共が電気事業をやってもうまくいくはずがないが、さらに肝心なことは、民営でなければ大きな人物が育たない。実業人を育てあげる上からも国営に私は反対する。軍部政権ができたら、必ず電力国営を持ち出してくるだろう。君は電力人であり、古くからの友人で、僕の信頼する人だ。形勢はだんだん悪化するだろうが、君はこれらと闘って、政府の手に電力を渡すな……」

と忠告されていた。

そのため、陸軍大臣の東条英機や海軍大臣の及川古志郎などのいる前で、首相の近衛に、

「あなたたちは、大きな戦争をするつもりで電力事業を国営にしようと考えているのだろうが、それは、国をあやまらせることになるのではないか」

と迫り、軍の怒りを買って、弾圧されそうになった。

こうした松永の抵抗も空しく、国家総動員法とともに電力国家管理法は公布され、日本は破局への道をひた走っていく。

それで松永は俗世を離れ、伊豆の堂ヶ島に隠棲した。そして、戦後、電力再編成に辣腕をふるうまでのおよそ十年間、新聞も読まず、ラジ

オも聴かないという生活をつづけたのである。

その間、大蔵大臣になってほしいとか、大政翼賛会の総裁に就任してほしいとかの誘いがあったが、松永は一切耳を貸さなかった。

勲章はヘドがでるほど嫌い

福沢は衣服の流行には無頓着で、夫人の着せてくれるものを着ていた。間に合えばいいのである。

ある時、夫人が留守で、急に外出しなければならなくなり、タンスをあけて、一番上にある着物を着た。そして用を済ませて帰ったら、夫人はその姿を見て大笑いする。それは下着だというのである。夫人も呆れて笑うしかなかったのだろう。

私など形にこだわらない福沢に親近感を抱くだけだが、刀についても早々に腰からはずした。そして、洋学者ながら刀にこだわる親友の高畠五郎に、得意の居合い抜きを披露した上で、こう言った。

「抜ける人間が刀を売り、抜けない人間が刀を買う。そんな馬鹿げた話なんてあるもんじゃない。さっそく、仕舞い込むなり、売り払うなりしなさい。これは何もお互い洋学者ばかりの問題ではない。世間の人々がみんな、刀なんぞ売り払って、のびのびと丸腰で生きられる世の中に、一日も早くせんけりゃあ駄目だ」

では、形にこだわらない福沢がこだわったのは何だったか。それは自由だった。福沢の弟子の松永も、電力の国家管理に反対して、伊豆の堂ヶ島に隠棲せざるをえなくなったが、次の諸葛孔明の詩を胸に秘め、日本に「英主」、つまり「自由」の帰ってくる日を待って耐えたのである。

鳳凰は千里駆けても
王なき樹には棲まずという
吾れ固持して一法を守り
英主にあらでは倚（よ）らじとし
ひとり老圃を耕やし
ささやかな錦書に心を慰め
詩を詠じて鬱を放ち
以って天の時を待つ

一朝明主に逢うあらば
何ぞ遅きことやあらん

松永は昭和四十六年六月十六日に九十五歳で大往生を遂げたが、その十年前に次のような遺書を書き、東京電力の木川田一隆らに預けた。

「一つ、死後の計らいの事、何度も申し置く通り、死後一切の葬儀、法要はうずくの出るほど嫌いに是れあり、墓碑一切、法要一切が不要。線香類も嫌い。

死んで勲章位階（もとより誰もくれまいが、友人の政治家が勘違いで尽力する不心得かたく禁物）これはヘドが出るほど嫌いに候。

財産は倅および遺族に一切くれてはいかぬ。彼らが堕落するだけです」

以下は略すが、戒名も要らぬとして、「この大締めは池田勇人氏にお願いする」と結ぶ。

まさに松永の面目躍如だが、ただし、当時首相だった池田の方が松永より先に亡くなった。

福沢は「大意地の人」

慶応の学生でありながら、私は東大の丸山真男や明治の唐木順三等の講義を〝盗聴〟して歩いた。中でも熱心に通ったのが学習院の久野収（おさむ）の講義だが、慶応の三年で法哲学のゼミナールに入った時、自己紹介に得々としてそれを喋ったら、指導教授の峯村光郎に、

「それでは今度は慶応で勉強してもらいましょう」

と返された。

一九九八年六月二十九日付の『朝日新聞』夕刊「テーブルトーク」欄に久野収が登場している。

〈『久野収集』全五巻（岩波書店）の刊行が始まった。第一巻「ジャーナリストとして」は、丸山真男氏への追悼文や、編集委員を務める『週刊金曜日』の記念講演などを収める。自他共に認める〝弟子〟の評論家・佐高信氏の編集だ。

「僕の中の〝佐高〟的側面がよく出ている。一切僕に構うな。そのかわり君が全責任を取れ、と言ってあります」と笑う〉

それから半年余りで師は亡くなったが、「僕の中の〝佐高〟的側面」という表現には仰天した。しかし、弟子の方から見ると、師の姿がよく理解できるということはあるだろう。

それはともかく、〝電力の鬼〟と呼ばれた松永安左衛門は師の福沢を「意地の人」だと語る。まさに、福沢の中の〝松永〟的側面かもしれないが、『人間　福澤諭吉』の中で、松永は、大きな意地に生きる人間を大人物といい、小さな意地にとらわれる人間を小人物というと規定する。大人物は常に大きく意地を通し、小人物はいつでもつまらぬ意地に躍起になるというのである。そして、「大意地、大人物論」から見ても、福沢は大物中の大物であったとし、こう続ける。

「小藩下士としての意地、新進洋学者としての意地、開国文明論者としての意地、独立自尊の民間大教育者としての意地等々、とにかく、福沢先生六十年の生涯には、こうした大意地が、終始一貫、つよく張り抜かれた跡のうかがわれるのは明らかである。

もちろん、福沢の意地は「凡人凡下の個人的な些事」に対するものではなく、すべて、「社会的、国家的、もしくは人権的な大事」に対するものだった。だから、こんな逸話が残っている。福沢が幕府の翻訳方に召され、旗本のような身分になった時、ある人が、

「殿様はご在宅か……」

と訪ねて来た。それに対して福沢は、

「殿様呼ばわりするのは止めてくれ。聞き苦しくて息も止まるぐらいだ。私は自分はもちろん、他人も殿様とは思わない。誰でもみな同じお前さんであり、私なのだ」

と強く抗議したという。

ヤクザの女房と懇ろに

生きているうちこそ鬼と云われても
　仏となりてのちに返さん

〝電力の鬼〟と呼ばれた松永安左衛門は、常々こううそぶいていたという。そして、戦後に日本社会党委員長となった鈴木茂三郎が戦時中に潜行していた時に援助したり、中国共産党の郭沫若が日本亡命中に生活できるようにとりはからったり、インド独立運動の志士、チャンドラ・ボースに救いの手をさしのべたりもした。

長崎は壱岐の生まれで、「元寇のとき元の兵士が壱岐の女を暴行して子が生まれた。私はその子孫でしょう」と冗談とも真面目ともつかぬ顔で言った松永には、九州男児の侠気があった。

父親が亡くなったために、慶応義塾をやめて一度壱岐に帰った時、二十歳になっていた松永は、監獄に入っていたヤクザの女房と懇ろになり、同棲を始めた。そのころ、ヤクザが監獄から出て来て、ことが面倒になる。

松永は女と二人で命懸けの籠城を覚悟した。向こうには子分もいるし、松永は六連発のピストルを手に入れて襲撃に備えたが、危機一髪で壱岐の顔役が割って入り、その女はヤクザとも松永とも別れて故郷に帰るということで一件落着した。

しかし、そうなるまでのほぼ一ヵ月間、部屋から一歩も外に出ることが出来なかった女の大小便の世話までを松永はやったという。

慶応に入り直して福沢の薫陶を受けた松永は、「官」より「民」を強くしなければという考えを固め、「いったい官吏は人間の屑である」と言い放った。また、「官僚、官僚とののしるが、官僚という別の人種がいるのではないんだ。人間が権力を持ったときに示す自己保存、権力誇示の本能の表現、それが官僚意識というもんだ」と喝破した。

電力の国家管理に反対したのは、もちろん松永だけではない。たとえば、財界の大御所だった郷誠之助は、明治十二（一八七九）年七月、郷と親しかった黒幕の矢次一夫が企画院総裁の滝正雄を連れて訪ねると、滝を紹介しようとする矢次を制して、こう言った。

「君からご紹介を受ける前にちょっと話したいことがある。今日ここにおいでになった用件が、もしも目下問題となっている『電力国管』のことであるなら、せっかくだが、お話を伺うわけにはいかん。お目にかからなかったことにして、甚だ失礼ながら、このままお帰りを願いたい。もちろん電力業者というものの中に、悪い奴がいることも、したがってある程度指導したり、統制を加えねばならぬ必要があることも私は承知している」

企画院総裁という現職大臣の来訪を受けながら、郷は、おかけなさいとも言わなかった。

郷誠之助と松永

黒幕だった矢次一夫に連れられてやって来た企画院総裁の滝正雄を前に、財界の大御所の郷誠之助は、電力の国家管理に反対する立場から、

「『電力国管案』は資本主義制度の根本に触れることだと考えられるから、私としては賛成するわけにも、認めるというわけにもまいらぬ。徹底的に反対しようと考えているところだ。だから、滝さんの本日のおいでが、もしもこのお話であるなら、これはいま話し合わぬほうがよいと思う。そうでなく、他の問題で私にお話があるということであれば、君のご紹介を受けて喜んで私はお話を承る。どうだろうか」

と機先を制した。立ったままのヤリトリである。電力問題なら問答無用、お帰り下さいという郷に、矢次はさすがと思う。

「仕方がありません。それでは帰りましょう」

温厚な滝は、そう言った。それを受けて、

「やっぱり電力問題だったのですか。それじゃまことに失礼だが、先程も申したようなことで、今日はお目にかからなかった、おいでをいただかなかったということで、お引き取りいただきましょう」

と郷は言葉を継いだ。

この郷の青年時代を、骨太の伝記作家、小島直記は『極道』（中公文庫）という作品で活写している。小島は松永についても『まかり通る』（新潮文庫）という伝記小説を書いた。奇しくもこの二人の財界人が、電力の国家管理に反対したのだった。一部の代議士も反対したが、それは電力業界から政治資金がバラまかれたためだと考えた内務省のいわゆる革新官僚たちは、電力連盟書記長の松根宗一を逮捕させ、取り調べた。しかし、何も出て来るはずがない。松根が釈放されると、松永は慰労会をしてやり、こう言った。

「なあに、人間は死ぬような病気もせず、命がけで女に惚れたり、臭い飯も食ったことがないような奴じゃ、大したものにはなれないよ。君はねがってもない経験をしたんだ」

福沢に教えを受けた松永は、このように後輩を育てることにも力を注ぎ、関西電力の太田垣士郎や東京電力の木川田一隆に苦言を呈したり、激励したりした。

夫人に先立たれた松永は、

「朝ハオ茶、昼ハガナリテ、夜ハ酒、婆ァ死ンデモ、何ノ不自由」

と強がりを言っていたが、一方で「淋しき人」と題する小文を書いている。「淋しき人々のなかには良寛がある」と始まるその一文は「飄々として動揺する淋しさを如何ともすることの出来ぬ凡夫を悲しく思う」良寛、「積雪堆裡破屋に膝を抱いて静かに坐する」良寛に自らを通わせる。松永によれば「芭蕉も淋しき人の一人である」という。

血をみることが嫌いな福沢

福澤大四郎の『父・福澤諭吉』（東京書房）によれば、明治十一（一八七八）年に内務卿の大久保利通が暗殺された時、塾生は痛快至極と言って喜んだが、福沢はそれを強くたしなめた。

臨時に三田演説会を開いて、

「大久保氏は進歩的な人物であって、明治の新政府には貢献するところが少なくない。この人の暗殺せられたのは実に惜しむべきことである。暗殺のごとき野蛮の陋習（ろうしゅう）に同情を寄せるがごときはけしからんことである」

と主張したのである。

自らその危険にさらされた者でなければ吐けない痛言だろう。

松永安左衛門は『人間　福澤諭吉』に、福沢のこんな告白を記す。

「私は生れつき気の弱い性質で、殺生が嫌い、血をみることが嫌い、ちょっとした怪我でも血が出るとすぐ真っ蒼になってしまう。かつて外国へ出掛けた際も、むこうの病院でむりやり外科手術の実際をみせられたが、おそるおそるみているうちに気が遠くなり、さっそく同僚に外へ助け出されたことがある。みんなは意気地がないといってしきりに冷やかすけれども、こればかりは持って生れたものでどうにも仕方がない。おそらくは生涯このままで終るであろう」

それでもなお福沢は改革を語ることをやめなかったのである。「血をみることが嫌い」な福沢が、自らの血を流される危険があっても、その思想を引っ込めなかったことに頭が下がる。松永の言うように「われわれからみて、何から何まで意志が強く、気の強かった先生が、こういう一面をもっておられたことはむしろいよいよ尊敬に価する」のである。

「私は少年時代から至極元気のよい男で、元気にまかせて威勢のいいところもみせ、時に大言壮語もして来たが、普通の人間が何んでもないということで、こちらはコワくて、コワくてしょうのないことがいろいろあった」とも福沢は語る。

「駆落者が人目をしのぶ有様というのでは、まことに面白くない」と言いながら、福沢は用心は怠らなかった。自分の住居に抜け穴をつくったり、夜分の外出は絶対にしなかったり、旅に出なければならない場合は偽名を使い、荷物にも福沢とわかるしるしはつけないようにしたのである。

「およそ世の中に、わが身にとって好かない、不愉快な、気味のわるい、怖ろしいものと云えば、暗殺の一件である。この味ばかりは狙われた者より外にわかるまい。実に何んともいわれずイヤな気分である」

およそ暗殺されそうもない学者で、福沢の思想を微温的などと批判する者もいるが、能天気と嗤うしかない。

暗殺についての福沢の述懐

拙著『抵抗人名録』(金曜日)の「はじめに」に、能村登四郎という俳人のこんな句を引いた。

幾人か敵あるもよし鳥かぶと

改革にはそれを阻む存在が付きものである。その「敵」を恐れて改革はできないが、しかし、暗殺という卑劣な蛮行を許してはならない。

松永安左衛門が『人間　福澤諭吉』に記す如く、もちろん福沢も求めて「敵」をつくったわけではなかった。

「しかし、鎖国主義を固執し、攘夷呼ばわりのはやった中に、一際目立つ言行をもって、開国文明論を主張されたのだから、自然敵も出来、あいつヤッツケてしまえ、とねらう連中がすきをうかがうようになったのは仕方がない。もとより、自分では気が弱いと称しながら、その実、滅法気の強かった先生のことだ。かれこれそいつ等が何んとやかましく罵ろうと、おどかしを云おうと、平気の平左であるが、ただ怖ろしいのは」、すなわち、ナントカに刃物である。不愉快で、気味のわるい暗殺についての福沢自身の述懐を引く。

「これが病気をわずらうとか、痛みどころがあるとかなれば、家内に相談し、友人に謀るというようなこともあるのだが、暗殺のおそればかりはそうも出来ない。家族にいえば当人よりもかえって心配するし、人に話せばいっそう事が荒立つ。しかも、人騒がせなだけに何んの役にもならない。そんなわけで、私は自分の怖れを誰にも告げないで、ひとりヤキモキした。そうして、ちょうど狂犬を怖れるものがどの犬もこわくなるように、どうも人を見ると気味がわるい。不意にこちらへ飛び掛って来はすまいかと、よけいな用心をさせられた」

ちょっと見当違いかもしれないが、福沢のこの打ち明け話を聞くと、競輪の「トップ引き」を連想してしまう。最初にトップを走る選手は風の抵抗とかがあって不利になるのに、それを承知でトップを引く選手のことを、そう言うらしい。冒険家が細心の注意を払うように用心はしつつも、福沢はこうこぼさずにはいられなかった。

「天下の大道を歩くのに、コソコソと泥坊が逃げまわるようであったり、駆落者が人目をしのぶ有様というのでは、まことに面白くない。こちらは何もわるいことはしていない。借金もなければ、不義理もない。それなのに、こうした気を使わなければならぬとは何んたることか、つくづく情けない思いだった。時たま回国巡礼などに出会ってその笠をみると、何の国、何郡何村の何んの某と明白にかいてある。さてさて羨しいことだ。おれもああいう身分になってみたい、と私はその都度思ったことである」

活殺自在のシブチン主義

福沢は趣味のようによく揮毫したが、関防（右上に押す判）に「無我他彼此」とあった。また、落款と印章に本名が記されない場合は「雪池」（諭吉）「三十一谷人」と別名が署名捺印されていた。前者はガタピシナシ、あるいは、我も他も彼も此も一切無差別平等という意味であり、後者の「三十一谷人」は世俗の二字を分解したものである。そこには、どこまでも世俗を離れぬ人間という意味が洒落て込められていた。

松永安左衛門は『人間 福澤諭吉』に「河にいて水を惜しみ、山にいて薪を節するの覚悟なければ、とかく世帯は持てぬものなり」という福沢の家庭経済訓の一節を引く。

大河のそばにいれば水は欲しいだけ使えるが、しかし、なお日々の水を惜しんでムダには使わず、山中では薪に不自由はしないが、それでも一本一本倹約して使う覚悟がなければ人間社会の経済生活は送れないという意味である。

そんな福沢の活殺自在の「シブチン」主義を、松永はある先輩から教わった。その先輩とは、『時事新報』に勤めていた高橋義雄である。

ある時、高橋が数名の同僚と共に、武州（現在の埼玉県）熊谷の演説会に出かけた。福沢は諄々と実業振興論を説き、血気盛んな高橋たちは時事問題を論じて政府批判をする。そして、帰途に就き、上野駅へ到着したのは午後七時ごろだった。腹も空いているので、早く三田へ帰りたい。みんなで相談して、人力車に乗ろうということになった。

しかし、福沢はそれに賛成せず、

「いい若いもんが、人力車をつらねて帰るなんて、ムダなことだ。みっともないからおよしなさい。もう用事もすんで先を急ぐ必要はない。私もまだまだ三田ぐらいまでは歩ける。みなさんも随いて来なさい」

と言って、さっさと歩き出した。仕方なく一同その後を追う。現在の山手線の駅で言えば、御徒町（おかちまち）、秋葉原、神田、東京、有楽町を過ぎ、新橋あたりまで来て、福沢は、

「みんなおいで、空ペコはここで満たしていこう」

と声をかけて、鮨屋に入った。

そして、どんどん鮨をつくらせ、みんなにも勧めながら、自分もぱ

くついた。

腹いっぱいになったところで、福沢は財布を取り出し、

「諸君よいかね、これはみんなで乗る筈だった車代なんだから……」

と言って鮨代を払ったのである。その後ももちろん歩いて三田まで帰って来た。時に福沢、数えで五十一歳。一同、福沢の健脚と合理的で上手なカネの遣い方に感心したという。

パンの食べ方まで教わる

松永安左衛門が慶応の塾生の時だから、もう百年以上前のことになるが、当時、松永たちは新しがって、しきりにパンを食べた。砂糖をつけたり、バターやジャムをつけたり、味つけはさまざま。しかし、

米食に馴らされた胃はそう簡単にはパンを受けつけない。それでも、文明開化の人間がパンを食えないでは恥ずかしいと、あたかも、パンを食うことが文明開化の証でもあるかのように、辛抱しながらパンを食べた。

それでも、すべては食べられない。みんな、中のフワフワしたところだけを摘まんで食べ、外側の耳や皮はほとんど残してしまった。そのため、食後にパンの耳や皮がザルに山のようになる。

あるとき、それをゴミ箱に捨てようとしているところを福沢に見つかった。福沢はそれを松永たちのいる部屋へ持って来て、

「何んで、お前さんたちはこれをたべないのか。これだけの物を、毎度毎度捨てさせているなんて、まったくもったいない」

と叱責した。

松永たちは、硬くて食えないとか、まずいとか、栄養がないとか、いろいろ反論したが、福沢はこう教えた。

「パンの食い方も知らないで、パンを食ったんじゃあつまらない。学問をする者として恥かしい。よろしいかな。パンというものは、このかたい外耳に味も滋養もあるものだ。中味を残してもこれを食わぬという法はない。かたいところは、噛みしめれば噛みしめるほど、うまみが出て来れば、大切な唾液も混入される。こんな馬鹿げた食べ方は今後よしなさい。それにパンの代価は目方に払っている。フワフワした空気の容積にじゃない。だから、こんな食べ方をしていては、いつもパン代の半分以上をゴミ箱へ捨てている勘定になる。もったいない上に、いよいよもったいない」

そして、松永たちの食べ残しの耳をムシャムシャ食べてみせたので、それ以後、松永たちも仕方なく外側まで食べるようになった。

松永が『人間 福澤諭吉』で指摘する如く、まさに「即事、即物的」である。この本から、もう一つ、松永が注意された話を紹介しよう。

松永が福沢のお供をして川上音二郎の新劇を観に行った時のこと。岐阜で刺客に襲われた板垣退助が「板垣死すとも自由は死せず」と大見得を切る場面で、「天は人の上に人を造らず、人の下に人を造らず」と主役がセリフを言うようになっていた。それで松永は思わず「ヒヤヒヤ」と手を叩いてしまった。場内の視線が集中する。そこに本家本元の福沢がいるわけで、さすがに福沢も面食らい、「およしなさい。ここは演説会じゃありませんよ」と、たしなめた。

社会は良師なり

「年若くしては、つとめて老人と交われ。年老いては、つとめて若い仲間と語り合え」

福沢は、松永たち門下生につねづね、こう教えていたという。忘年の交わりのすすめである。

福沢は『福翁百話』で、「人間の三種三等」と言っている。

「人間の智愚強弱はさまざまにして、上智と下愚と、至強と至弱とを比較すれば、同じ人間とは思われざる程の相違なれども、社会の経済生活上よりみるときは、概してこれを三等に分つべし」

こう前置きして福沢は、

「生来屈強の身体にありながら、何等の才能もなく、ただ安閑として飲食し、甚だしきは放蕩無頼、常に余人の厄介となるのみか、ややもすれば、他を害して自分の欲をたくましくするものあり」

と語り、これを最下等の人間として、有害無益、俗に言う娑婆ふさぎと位置づけている。それも当然で、一人にてもその数を減ずるこそめでたけれ、なのである。次に、

「一段を上りて、左まで人の世話にもならず、父母妻子と共に衣食するのみにて、間接にも直接にも社会人事に寄与するところなし。自家・自業を天地として、生まれ、死するのみ」

この種の人間は、一国の良民として決して邪魔者ではないが、しか

し、世にあって大いに有益な者でもない。なくても大いに不自由を覚える者でもない中の種族だと福沢は分類する。そして、

「一身一家の独立既に成り、ただに世間の累（わずらい）をなさざるのみならず、自から自身の地位才力を省みて、能く事に当るべきを信じ、一は以って家に居り、一は以って世に処し、公私両様のために力を尽すもの、これを最上等となす」

以上、三種三等の人間は、松永によれば、決して福沢が貧富貴賤を意識してつけた区別ではなく、その一身の行状から居家処世に至るまで、上等にするか、中等にするか、はたまた下等にするか、すべては人間自からの団子団子のまるめ方一つに関わるとし、

「その上、中、下の区別は、必ずしも学者先生に質問するを要せず、

近く地方人心の向背を視察してこれを知るべし。社会は良師なりという。即ちこれ等の事実なり」

と結論づける。

つまり、美点も欠点も含めて団子として見た場合、その人間団子のいい、わるい、あるいは、大きい、小さいのすべては世の中が評価して決めてくれるというのである。自分で自分を偉いと思っている者には極めて耳の痛い言葉だろう。

団子にまるめて一番大きい

福沢桃介は福沢諭吉の次女、房と結婚した。養子となる前は岩崎姓である。埼玉県は川越の提灯屋に生まれ、下駄が買えなかったので、ハダシで小学校に通った。「友だちが笑うけれども仕方がない。大きくなったら金をもうけて、今の貧乏を忘れたいと子供心にもしみじみおもったことである」と後に回想している。「私は貧乏人の家に生まれたから、富者に対する反抗心が強く、金持になって金持を倒してやろうと実業界に発心したことの、そもそもの原型はこのときにつくられた」という。

「天下の相場師」の名をほしいままにし、松永とは「福松商会」をつくったりしたが、その桃介が福沢について、興味深い評価をしている。

「明治以来、いろいろ偉い人物が輩出しているが、その中で、誰が一番偉いかということになると、偉いというディフィニション（定義）がすこぶるむつかしい。だが、人間をひとつの団子にまるめ、欠点も美点も打って一丸として、一番その団子のカサが大きいのが、一番偉いという見方も成り立つ。そうすれば、単に教育家としてのみならず、あらゆる面にわたる総和において、福澤諭吉が一番大きく、一番偉いことになる」

これを松永は「至極の妙言」とし、尾崎行雄や大石正巳の福沢評を引く。

まず、尾崎曰く――

「日本にも偉い人物はいる。例えば大隈（重信）だの、渋澤（栄一）だのずいぶんいるけれども、やはり私がみていちばん偉かったと思うのは、つまり団子にしていちばん大きいと思ったのは、前にも後にも福澤先生である」

次に大石曰く――

「何といっても、福澤諭吉がいちばん偉い。今日の日本文明を致さしめたのは、むろん、先生最大の功績というべきだろうが、しかも、終始一介の在野人として押し切り、あれだけの威力を各方面に振るったのは誰にも真似られない。それに先生は、人間の幅が広く、大きく、非常に親切であった。一度先生が目をかけた人は、終りまでどんなことがあっても決して見捨てなかった。お世辞でなしに、我輩が明治年間に接したひとびとの中で、一番の大人物は福澤諭吉である」

これらは桃介が尾崎や大石から直接聞いたものだが、自身としては、こう付け加えてもいる。

「富士山と英雄とは、遠くから眺めるがよい。離れて望んで、八面玲瓏の富士も、あまり傍に行きすぎると、アバタまじりで焼石のごろごろしたのが目立つ。英雄もまたその通りだろう。私も福澤先生のかたわらに永くいたせいか、先生の偉大は偉大として仰がれるのだが、その偉大をかたちづくるゴロタ石の存在も、同時に認めざるを得ない」

子煩悩が弁慶の泣きどころ

同郷ながら考え方のかなり違う渡部昇一に福沢が自分の子どものために書いた日常的な教訓を呈したことがある。

『週刊文春』の一九八〇年八月二十八日号で渡部夫人が、次のような「はだかの証言」を行ったからだった。

「主人はお母さまや二人のお姉さまから、宝物のように大事に育てられてきて、もうほんとにボタンも絶対に自分では掛けなかったそうですね。（中略）

たとえば、寝るときに布団をきちんと敷いておけば、それでもう主婦の仕事は百パーセント完了と思っているのに、主人はわたしがちゃんと布団を掛けてくれることまで期待しているんですね。お母さまがいつも炬燵でお布団を温めてくれて、何時に寝てもちゃんと掛けてくださってたんですって、お風呂に入りましても、お母さまとか、手がもうすぐに来まして、背中を流してもらっていたんですね。だから結婚して最初のお風呂のとき、背中流せっていわれてびっくりして

(笑)」

私も「びっくりして」福沢の提言を引いた。

「子供とて、いつまでもこどもたるべきにあらず。おいおいはせいちょうして、一人前の男となるものなれば稚きときより、なるたけ人のせわにならぬよう、自分にてうがいをし、かおをあらい、きものもひとりにてき、たびもひとりにてはくよう、そのほかすべて、じぶんにてできることは、じぶんにてするがよし。これを西洋のことばにて、インジペンデントという。インジペンデントとは独立ともうすことなり。どくりつとは、ひとりだちして、他人の世話にならぬことなり」

但し、福沢がわが子にそれを実践したかということになると、かなり怪しいと松永は述べる。

「こういう福澤先生も、どちらかというと、子供には弱かった。すこぶる甘かったとさえいわれるのである。人並み以上にも人情家であった先生が、ひとり、子供や孫に対してのみ、人情の出し惜しみをするわけにもいかなかったろうが、先生の愛児・愛孫に対するご態度が、たとえ世間一般のものであってもそこはそれ、いわゆるエライ人として、世間の見る眼の方で点がからかったのかも知れぬ。しかし、先生にとって、世間の見る眼なんか、まあどうだってよろしい。ともかく、子供に対しては甘く、普通以上の子煩悩で、コト子供のことになると、全く目の無くなるといった先生であったのは事実である。小泉（信三）博士もこの点を指摘して、つまりは俗にいう弁慶の泣きどころで、短所といえば先生唯一の短所だったとも述べている」

男子がありながら、桃介を養子にしたのも矛盾といえば矛盾といえるだろう。

子どもを呼び捨てにせず

福澤大四郎は『父・福澤諭吉』に、「父福澤諭吉、母錦（きん）の二人が残した子供は九人あった」と書く。順に、一太郎、捨次郎、里（中村貞吉の妻）、房（養子桃介の妻）、俊（清岡邦之助の妻）、たき（志立鉄次郎の妻）、光（みつ）（潮田伝五郎の妻）、三八、そして大四郎である。

大四郎によれば、福沢は子供の人格を尊重して、敬称をつけて呼んでいたという。

一太郎は「イッツァン」、捨次郎は「捨サン」、里は「ネーサン」で、その夫の中村貞吉は「ニイサン」、桃介は「桃介サン、桃サン」、房は「フウサン」、俊は「シュンチャン、お俊サン」、たきは「タアサン」、光は「ミッチャン」、三八は「三チャン、三パッツァン」、大四郎は「大チャン、大サン」である。年上の者は里を「お里サン」、貞吉は「ニイサン」と呼んでいた。これは福沢が決めたのだが、大四郎によれば、みんながそれに従っていたわけではないという。捨次郎は誰でもほとんど呼び捨てで、大四郎は大四と呼ばれていた。

福沢自身も、『福翁自伝』を大四郎に与える時、表紙を開けた頁の左上に「大四郎へ」と書いたので、大四郎は、

「なあんだ、昔の頭だな」

と思ったとか。

それにしても、子供を呼び捨てにしないことを原則とするのは、なかなかだろう。

当時、世間的には、オトウさん、オカアさんが普通だったが、福沢の家では「オトッツァン」「オッカサン」と呼んでいた。

また、福沢は家を出る時に、

「行ってらっしゃい」

と言われ、帰った時は、

「お帰りなさい」

と玄関まで迎えられるのが大嫌いで、家族にこれを固く禁じていた。

だから、子供たちが夕食をしている部屋に帰って来る。

末の姉の光が潮田に嫁ぐ時、持っていく桶などに書生が「福澤家」

と書いたら、福沢がそれを見つけ、「家の字はよろしくない」と、家を消したこともあった。

何々家というのは大名か何かのように威張る感じで厭だというのである。むろん、自宅にある物には一切、福沢家とは書かれていなかった。

福沢の平等観、対等観は出入りの職人に対しても発揮され、平気で言い返す大工を、

「あの大工はいつも勢いがいいからおもしろいね」

と笑っていた。その大工も逆に、他では、

「総理大臣だって何だってエラそうな人たちがみんな先生のところに聞きに来るんだぜ」

と得意がっていたのである。

子供愛の弱点

福沢が一時的に大四郎を養子に出そうとした時、その養育方法を書いたものが『父・福澤諭吉』に載っている。それをまず引こう。

「小児追々成長して固形の食物を用いるに至るとき、動もすれば大人歯を以ってかみくだき与えるの慣行あり。甚だ健康に害あり。何様の事情あるも之を禁ず。

洗湯は小児の時より成長の後に至るまでその冷熱を大人より加減すべからず、子供の随意は即ち天然の指示する所にして、丁度宜布温度なり。故に町の湯は無用なり。

乳母には十分の食物を与え運動を適宜にして常に健康ならしむる事。小児は如何なる場合にても叱るを要せず。まして肉体の苦痛を覚えしむるが如き全たく無用の事なり。

小児も成長すれば一男子たるべし。男子の志は親たりとも傍より之を左右すべきにあらず。故に此子を養育するも、成長の後自ら方向を定めて独立を謀る等の事あるときは、その志を成さしむべし。何れとも小児成長の後本人の意に任すべき事なれば、此度横浜の福澤にて養育するに就ても、その労力と親切だけは養育家の夫婦に仰ぎ、その費用は一切東京の福澤にて支弁すべし。

小児成長の後、教育の費も固（もと）より東京福澤にて引受け、永年の謀を云えば三八（大四郎の兄）と同伴或は外国行も為到度積なり。

凡右の処にて取極候事。

（明治）十六年八月三十一日」

しかし、先に小泉信三が福沢の子煩悩は弁慶の泣きどころと指摘したことを紹介したように、それはうるさいほどだった。

長男の一太郎と次男の捨次郎を一緒に大学予備門（一橋）に入れたが、その勉強のさせ方があまりに激しく、子供の健康上よろしくないと、友人でもある文部卿の田中不二麿に抗議の手紙を送ったりしている。ウチ（慶応）ではこうしている、お前（官学）の方でもこうしたらよかろうとまで言っているのだから、いささかならず指図がましい。松永安左衛門ならずとも「独立自尊宗の先生に似つかわしからぬ」と言いたくなる差し出口である。

息子たちにも甘いが、娘たちに対してはもっと甘かった。寄宿先の学校の舎監に注文をつけるのは序の口で、一番下の光が女性外国人教師の家へ通っている時、むやみに犬が吠え立てるから、その犬を放逐するよう厳重に談判せよと人に言いつけた手紙が残っている。

「こういうことは、福沢先生をえらい、えらいというばかりで、弟子たちの書くものにはあまりかかれていない。しかし、私にいわせると、えらい福沢先生においてすら、こうした子供愛の弱点があったことに、かえってあたたかい親しみと親近感が加わって来る」と松永は述懐している。

墓前の誓い

長崎県は壱岐の島出身の松永安左衛門は、慶応に入った後、父親が亡くなり、ために帰郷して家業を継いだ。呉服雑貨商、酒・焼酎、椿油の製造販売、網元、大地主、金融業など手びろくやっていたそれを若旦那として三年間経験して、また、復学した。しかし、実生活を知った松永には塾の講義はつまらない。

「学生なんかやめてしまって、一世一代の大バクチをしたい」

と思い、福沢に、

「学校をやめたいのですが……」

と相談した。

「どうしてだね？」

と福沢は尋ねる。

「人生は、学歴や卒業免状で勝負するところではないと思うからです」

と答えた松永に、

「そうかい。お前さんのその考え方には、わたしも賛成だね」

と福沢も同調した。

叱られると案じていた松永はホッとして、

「そこで、学校をやめたら、何になったらよろしいでしょうか？」

と問いかけると、福沢は、

「無論、独立した実業家がいいが、最初からは無理だろう。ウドン屋はどうだ？」

と勧め、松永が、

「ちょっとそれは……」

と首をかしげると、

「それじゃ、風呂屋の三助はどうだ。半年ばかりやって、風呂屋を始めてみては」

と畳みかける。小島直記の『硬派の男』（実業之日本社）によれば、松永は「一体先生は本気なのか、冗談なのか」と迷ったというが、その両方だったろう。

福沢は藤山雷太が三井銀行に入る時、

「思想の深遠なるは哲学者の如く、心術の高尚正直なるは元禄武士の如くにして、これに加うるに、小俗吏の才能をもってし、これに加うるに、土百姓の身体をもってして、はじめて実業社会の大人たるべし」という餞の言葉を贈っている。理想は高いほどいいが、ソロバン勘定や倉庫の後始末など、つまらぬ仕事もバカにしてはいけないというわけで、はやる松永をたしなめたのだった。

それに気づき、「実業社会の大人」となったのは福沢の亡くなった後で、福沢の葬儀の日、参列者が帰っても、松永は墓前を離れず、「先生のご教訓の『独立』も『進取確取』の謀りごとも一とおり身をもって任じておりますが、『不品行』の点だけは少しも改まらず、今日まで姑息にこれをつづけておりますのは、いかにも薄志弱行、申しわけありません。今日ただ今から、一切女欲を絶ちます」

と涙を流して誓った。

ライバルの小林一三

福沢が亡くなって、その墓前に「一切女欲を絶つ」と誓った松永だったが、神戸に帰って旧友の成瀬正行に遊びに行こうと誘われ、

「とんでもない、僕は二月八日（葬儀の日）から生まれかわった。福沢先生の墓前にそのことを誓ってきたんだ」

と一度は断ったが、成瀬に、

「昨日は昨日、今日は今日さ。そんなバカなことをいつまでも考えていたら病気になるぞ」

と鼻であしらわれ、

「それはそうだ……」

と決心をくつがえし、先生、お許し下さい、と心で詫びながら、花街へ飛んだ。

やはり放蕩児ながら、この松永とライバル的関係にあったのが、同じく福沢門下生の小林一三である。

「君、大蔵省（現財務省）と日本銀行のやっていることが一番まちがっているね」

これが小林の口癖だった。敗戦直後の荒廃の中で小林がこう言ったのは、大蔵や日銀の指導で石炭や鉄鋼の生産に重点融資がなされ、小林のやっている演劇や映画などのレジャー産業には銀行がカネを貸してくれなかったからかもしれない。

小林哲学の本質はムダを省く合理主義であり、それに対して役所のやっていることはムダだらけである。また、上流社会を相手にした商売ではなく、大衆を相手に数でこなすのが小林商法だが、大蔵省や日銀の連中は国民大衆のことを考えていない。さらに、ものごとはやってみなければわからない。やりながら考え、考えながらやるのが大切なのに、役所は何もしなくてもいい。むしろ、何もしない方がいいという空気になっている。

ここに師の福沢譲りのプラグマティズムを見るのは容易だろう。

小島直記の小林伝『鬼才縦横』(PHP研究所)にこんな逸話が引いてある。

小林が再建した箕面(みのお)有馬電軌(のちの阪急電鉄)の沿線に住んでい

た阿部真之助（元ＮＨＫ会長）は新聞記者としての優待パスで、いつも電車に乗っていた。小林も乗って来ることがあったが、空席があっても、ドアの側に立っていたという。

そしてある時、阿部が腰をかけていると、電車が混んできて、立っている人が多くなった。すると、ちょうど電車に乗っていた小林が阿部の前にやって来て、

「君、立ってくれんか」

と言う。

「なぜですか？」

と阿部が尋ねると、小林はこう答えた。

「君はタダじゃないか」

阿部は立たざるをえなかった。

小林は変心して商工大臣に

小林一三が電車で阿部真之助を立たせた一件は『小林一三翁の追想』に寄せられているのだが、小林伝の『鬼才縦横』を書いた小島直記は「今日の経営者で、マスコミの人間に向って、これだけハッキリといえる人が何人いるかと考えると、阿部のこの追想の意味の大きさがわかるのである」と付け加えている。ましてや、阿部は辛口で鳴らし、のちにＮＨＫ会長となった記者である。

小島の小林伝は小島が共感した点と共感しない点が極めてはっきりと書き分けられているのが特徴だが、小島が小林に最もバイブレートできなかったのが、小林の商工大臣就任だった。昭和十五年夏の第二次近衛（文麿）内閣でである。

「二・二六事件」が起こって軍部の勢いが強くなった昭和十一年。戦争遂行のための「電力国家管理」構想が持ち上がり、当時、東京電燈社長だった小林は、それに反対して引退を決意した。しかし、戦わずして退いてはと、決意を胸に秘めて政府と戦ったのだが、結局、敗北に終わった。その後、前に記したように、松永安左衛門は政府のやり方を怒って引退する。ところが小林は引退しなかった。それどころか、電力業界の息の根を止めた政府の商工大臣となったのである。

「自由経済人＝自由主義的経営理念を信条とし、生きる場とするはずの経営者である」小林が「不倶戴天」の敵ともいうべき陣営の枢要ポストについたことについて、小島は「これは、現役の延長、現業への執着というわけにはゆくまい。そこには、変心、転身、あえていえば変節の気配すらある。一体どういう心境が、一三をこのように変えてしまったのであったか」

と追及する。

かつて、森鷗外は「盲いざる傾倒」の大事さを説いた。現在、とくにビジネスに関連して「盲いた傾倒」の伝記や解説本が氾濫している時、その人の出処進退と格闘した小島の小林伝は「盲いざる傾倒」の見本として異彩を放つ。

小汀利得が評したように、関西生まれでないのに関西的だった小林は「関西流の弱点というか事大思想をバクロして」しまったのかもしれない。小島は「権力側への寝返りは、その事大思想のあらわれであったろうか」と、きびしく指摘しているが、たしかに小林に「権力」や「国家」は似合わない。やはり、最も似合うのは「商売」なのである。大正九（一九二〇）年に、阪急の神戸線を開通させた時、小林は自ら、「新しく開通した大阪（神戸）ゆき急行電車、綺麗で、早うて、ガラアキで、眺めの素敵によい涼しい電車」という広告文を考案した。

作家になりたかった小林の苦心の「ガラアキ」コピーである。

第九章　福沢に批判的だった池田成彬

ストライキの首謀者と反対者

福沢の門下生の中で、福沢に最も傾倒したのが松永安左衛門だとすれば、逆に最も批判的だったのは池田成彬だった。批判的というより、最初は嫌っていたのである。

福沢は「岩崎弥太郎は船士をつくり、福沢諭吉は学士をつくる、その内に軽重あるべからず」と書いた。三菱の開祖、岩崎が郵船会社から始めて、いわば船乗りをつくったのに、自分は学士をつくったけれども、それに軽い重いはないのだというわけである。

さて、新銭座からスタートした福沢の塾も大きくなり、大学部を設置しようということになって、塾長に小泉信吉が迎えられた。小泉信三の父親である。

しかし、イギリスに留学して大蔵省に入り、主税官をしていた小泉信吉はなかなかに細かかった。いままで不文律とされてきたことも規則化し、万事に窮屈となった学生は反発してストライキに訴える。反対派のリーダーが退校処分になったことも騒ぎに火をつけた。

ストをあおったのは磯村豊太郎である。福沢と同じ中津の出身だった。逆に四百人ほどの学生の中に一人だけ、ストライキに参加しなかった学生がいた。池田成彬である。のちに、福沢の甥の中上川彦次郎に「三井銀行一の強情男」といわれることになる池田だった。

それはともかく、そのストライキの様子を小泉信吉の息子、信三が、信吉夫人の語りをもとに書いている。

池田だけを残して学生たちがぞろぞろと三田の山から降りてくる。そこに通りかかった福沢は、小泉家の裏口から駆け込み、

「小泉さん、何とかしておやんなさい。あれをあのままにしておくと、みんな今晩品川へ繰り込むに違いないから」

と大声で叫んだ。品川とは品川遊廓のことである。

小島直記の前掲『硬派の男』によれば、最初は団結して勢いのよかった学生も、次々と崩れ出し、最後は磯村を含む三人だけになってしまった。池田に負けず劣らず強情な磯村たちは、それでもやめない。

ために即時退校処分を受けた。彼らは福沢に助けを求める。その調停によって、ストライキの中止と処分の撤回が決まった。

この磯村は先輩の朝吹英二の世話で三井物産に入る。そして、「仕事は最下級から」というモットーによって、石炭運びからやらされた。横浜と東京を往復するダルマ船に住み込み、人足姿で真っ黒になって働く。同じころ、池田は三井銀行に入り、活躍し始める。

「ストライキの首謀者と反対者とが、ほとんど同時期に、かたや三井物産、かたや三井銀行において、それぞれ頭角をあらわすとは、運命の神様もなかなかおもしろい演出をするものだ」と小島は書いている。

「諸君は巧言令色をしなければならん」

池田成彬は、山形は米沢藩のサムライの子である。その池田が慶応の別科に入ったのは明治十九（一八八六）年。まだ二十歳になっていなかったが、三田の演説館に福沢の話を聴きに行った。五十歳を過ぎて、もう教壇には立っていなかった福沢は、しかし、演説館で時々話をしていた。

和服に角帯を締め、縞の羽織に紺足袋という姿で登場した福沢は腕を組み、微笑しながら話し始めた。

演題は「学生の野蛮粗暴なる態度を正そう」である。

『硬派の男』によれば、福沢はいきなり、

「諸君たちは巧言令色をしなければならん」

と切り出した。

幼時から儒学に親しんだ池田には、『論語』の「巧言令色、鮮(すくな)いかな仁」、つまり、調子よく、うまいことを言わないのが人格者だという教えがしみこんでいる。

それを、まったくダメだと破砕する福沢の言い方に、池田はカチンときた。いま風に言えばムカついたのである。

そもそも福沢には逆説的な言い方をする傾向がある。小泉信三の指摘する如く、「いいすぎることはあっても、いい足らぬということのない」のが福沢であり、「福沢は当りさわりのないことをいうに甘んぜず、しばしば求めて当りさわりの強いことをいい、いわば曲った弓を矯めるために、つねにこれを反対の方向に曲げることをいとわぬ警世者」だった。しかし、若い池田にそれは通用しない。

「何を馬鹿なっ」

と反発して、二度と福沢の話を聴こうとしなかったし、もちろん、福沢邸も訪ねなかった。のちに池田は三井財閥の総帥となり、『財界回顧』『故人今人』という回顧録をまとめたが、そこで福沢を「いきなりきらいになった」理由を、こう語っている。

「私が初めて慶応義塾に行ったのは明治十九年の十二月で、行ってすぐのことですが、あすこの演説館で先生が演説をするというので、聞きに行ったことがあったのです。先生は、ご承知のとおり背のひじょうに高い、堂々たる体軀の人ですが、――私はあの人の洋服を着てたのを見たことがありません。いつも縞の羽織を着て、紺タビをはいて、ハカマははかない、あの時分馬車にのっておったが、馬車にのるのでも終始角帯をしめていました。――それでまず演壇に立って、ちゃんと腕組みをして微笑をうかべて話しだされたものです。そのときの演説は何の話だったかよくおぼえていませんが、その中で〈お前さん方は〉といったか、〈人間は〉といったか忘れたが、要するに〈君たちは巧言令色をしなければならん〉といったものなのです。それが私の気にさわった……」

半端ではない強情

「君たちは巧言令色をしなければならん」と福沢に言われて、池田

成彬が反発したのはまだ紅顔の美青年の時だった。それから六十有余年が過ぎ、八十歳を越えた池田は、

「英学というものをはじめたばかりの私の頭は、コチコチの方でしたからね。……何たるバカなことをいうのかと、もうシンからきらいになって、それ以後二度とふたたび演説館に行ったことがなかったのです」

と『財界回顧』などで語った。

つまり、やがてリーダーとなるべき学生がバンカラを気取って乱暴なだけでは、国のためにならないということを福沢は言いたかったのだな、と理解したのである。

「あとでわかったのですが、先生はなかなか強いことをいったもの

です」

池田がその境地に達するのはずいぶんと後のことだった。それまでは「反発」が続く。

池田の英語力は抜群で、慶応からハーバードへの留学の話が起きる。アメリカに行けば奨学金をくれるという話もついていた。

ところが、行ってみると、そんな規約はなく、ただ、貧乏だけれども優秀な学生には出す、と言われた。

それで途方に暮れた池田は総長のエリオットに面会を求め、こう談判した。

「奨学金をくれるというから来たが、貧乏でなければくれないと言われました。なるほど私は貧乏だけれども、アメリカへ乞食に来たのではないのです。貧乏の条件なしに奨学金を下さいませんか」

向こうっ気の強い青年の池田ならではの依頼である。しかし、

「それは規則上できない」

と即座に却下され、

「そうですか。それならお断りします」

と言って、引き上げてきた。

「意地を張らずにもらったら」

と忠告する者もいたが、池田にとっては、そこが大事なポイントである。考えて、慶応の塾長の小幡篤次郎に手紙を書いた。

「来てみると話が違います。あなたが悪いか、間に立った宣教師が悪いか、私にはわかりませんが、とにかくあなたからのお話で来たので

すから、慶応義塾で始末をつけていただきます」

板ばさみになった小幡は池田の父に手紙を書き、あなたが保証人になれば義塾はカネを貸すから、と提案する。それを知らされた池田は怒った。

「絶対に保証人になってはいけません。慶応義塾が悪いのです。自分の落度を棚に上げて、お父上に難題を吹きかけるとはけしからん話。はっきりお断り下さい」

結局、父親が折れて借りることになったが、池田の強情はこのように半端ではなかった。

月給二十円に腹を立てる

池田成彬は五年間がんばってハーバード大学を卒業した。そして帰国すると、「時事新報論説委員」というポストが待っていた。

明治十五（一八八二）年春に福沢によって創刊されたこの新聞の初代の社長兼主筆は中上川彦次郎。福沢の甥であり、福沢の没後、池田は中上川の娘の艶と結婚することになる。しかし、池田が入った時はすでに中上川は三井銀行に移っていた。

『硬派の男』によれば、実質的に論説を見ていた福沢に、池田が論説を書いて提出すると、

「こんなものが出せるか！」

と一喝され、ゴミ箱に放り投げられた。

「これならばよろしい」というものでも、真っ赤になるほど朱を入れられる。

何を書くか、どう書くかを毎日毎日考えて池田は苦しかった。そして月給日――。

福沢自身が紙幣を袋に入れて各人の机に置いていく。池田が開くと、二十円入っていた。

「たった二十円か！」

池田は腹を立て、翌日、福沢に、

「やめさせてもらいます」

と言って、理由をこう述べた。

「私は二十円では一人だって食っていかれません。五十円もらわなければダメです。そうすると、毎月三十円ずつ借金しなければならぬことになります。一カ月くらいは借金もできますが、長くは続きませんから、やめたいのです」

それに対して福沢は、

「そんなことをいうもんじゃない」

とたしなめ、新聞はまだ道楽仕事だが、早晩ビジネスになるのだから、いまは勉強と思ってと慰留する。

「それはそうかもしれません。しかし、いつビジネスになるのかわからないのに、毎月三十円ずついつまで借金してよいか、そういう当てのないことはできません」

と池田は反論したが、福沢は辞職を認めない。そして、まもなく、「俸給表」を貼り出した。一等記者が六百円で二等記者が五百円、以下十数等に分けてある。

一等記者は誰かという話になり、福沢自身だろうと一決し、二等記者も三等記者も四等記者も五等記者もいないのだという結論になって、みんなで大笑いした。

もともと福沢にいい印象をもっていなかった池田は、この一件で余計に厭になった。

「要するに福沢先生は、政治性のあった人だが、一面非常識だった。不平の声があったのであんなものを出したのだろうが、それを本気に受けて辛抱する者があると思うのは浅はかで、やっぱり学者のウカッな点だったろうと思いますね」と後に回想している。

『時事新報』の実力と運命

ここで、福澤大四郎著『父・福澤諭吉』から、『時事新報』についての記述を引いておこう。その「実力」がいかほどのものだったかの証言である。大四郎は兄の捨次郎が社長だったころの時事新報について、「米国の新聞、雑誌をよく読んでいたから、時事の営業方針には米国式を用いた面が多かった」と書く。日本で最初の美人投票を行ったのも『時事新報』だという。

ところで、寺内（正毅）内閣の時、各新聞社の社長を招待することになったが、時事の社長の捨次郎は、

「行かないよ」

と言って知らん顔をしている。

そう返事すると、寺内の方が逆に、では『時事新報』の社長だけ別に招待するから来てくれと言って来て、出かけたこともあった。

大四郎によれば、『時事新報』が米国から輪転機を買い入れたのは明治二十（一八八七）年ごろだった。「とにかく日本にはいった輪転機の最初のものだから、世間は驚いたに違いない」が、価格は当時で十万円足らずだったという。

乃木大将夫妻の自殺をめぐって、こんなこともあった。『時事新報』はそれを批判し、強く非難した。世間はほとんどその行動を明治天皇への殉死といって賞賛していた時だから、リアクションも相当なものだった。しかし、責任者の石河幹明は少しも動じなかったのである。これについて大四郎は「石河幹明という人はじみな人で、福澤のいうことをよく真面目に書いていた人だが、一面相当強い点もあった」と書いている。

福沢の没後、『時事新報』は勢いを失っていった。相談役は二十人もいて、船頭多くしてという状態になってしまったのかもしれない。大四郎によれば「エライ人達が遠方からあれこれいうだけで、責任ある人がいないから、いつまでも同じような不成績を示していた」のである。

ある時の相談役会で、藤山雷太が、

「時事新報はツブレかかった状態にあるようだから、思い切ったことを断行する必要がある。まず三菱、三井、十五の三銀行の借入金五十万円づつ、合計百五十万円、千代田生命の借金七十五万円は事実上払えないのであるから、無利息、無期限で待ってくれということを申し出るのがよかろう。それから他の債権者に交渉するがよろしい」と提案した。その場にいた大四郎もその通りと思ったが、名取和作という人が、

「時事新報ともあろうものが、そんなボロ会社のまねはできない。好意ある債権者に対して礼を失するが如き行動は以ての外だ」

と〝正論〟を吐き、荒療治は見送られて、まもなく、「事実上ツブされてしまった」のである。

三井銀行に入って清貧生活

安月給に腹を立て時事新報を辞めると言ったのに、福沢はそれを認めない。しかし、池田成彬はあくまでも辞めると、小幡篤次郎を間に立てて意志を通してしまった。

これを知って怒ったのが池田の父親である。

「あまりにも軽率ではないか。新聞に入ると言って、入ったかと思うと、すぐに月給が足りないからと、たった三週間で、断りもなしに辞めるとは何事か」

カミナリを落とされて池田もシュンとなったが、落胆してばかりもいられない。新しい仕事を求めて、また、小幡に頼んだ。

そして、彼の紹介で貿易会社に当たったが、すぐに断られる。

次に行ったのが横浜正金銀行（当時）で、

「採りましょう」

ということになった。

「但し、十二月からでないと具合が悪いのだが……」

と言われ、池田は待つことにする。

そこに小幡の使いが来て、三井銀行の波多野承五郎に会え、と命じられた。波多野は慶応の先輩で、中上川彦次郎にスカウトされて入行している。

波多野はいきなり、

「いくら欲しい？」

と池田に尋ねた。

「五十円以下ではどうしてもダメです」

と池田が答えると、波多野は、

「三井銀行には賞与というものがある。君は毎月五十円以上欲しいのか。それとも賞与を入れて、平均五十円になればいいのか」

と言い、池田が、

「賞与を入れて五十円で結構です」

と頷いて落着した。

こうして「四等手代月給三十円」の三井銀行員が誕生したという。

「福沢諭吉の弟子たち」を書いた『硬派の男』で、小島直記はその後をこう受ける。

「後年、三井を一身に背負ってファッショの嵐と戦うリーダーは、こういう偶然で三井入りしたのである。

春秋の筆法を用いれば、池田がもし福沢諭吉をきらわなかったとすれば、のちの三井銀行筆頭常務、三井合名常務理事となることもなかったであろう。こういうところに、人生のおもしろ味があるようだ」

この池田が、福沢の甥の中上川彦次郎の娘、艶と結婚することになったと先述したが、見合いめいて池田が中上川の家に来た時、その席に出た艶は風呂にも入らず、化粧もしなかった。名前はセイヒンだと言われ、「清貧」と書くのかと思っておかしかったからである。確かに新婚家庭はその名に恥じなかった。

銭を散ずる方にだけ三井の名を出せ

「三越の屋根にペンペン草が生えても日本は滅びぬが、五百万戸の農家に雨が漏っては日本はいったいどうなるか」

五・一五事件に関わった愛郷塾塾頭、橘孝三郎はこう言ったという。軍部の肥大と裏腹の経済の貧困は、ファッショの擡頭を促した。井上日召(にっしょう)を盟主とする血盟団は「一人一殺」のスローガンを掲げて政財界の要人たちをねらった。

ねらわれたのは牧野伸顕や西園寺公望といった元老に、犬養毅、井上準之助、そして三井の団琢磨と池田成彬である。

ドル買いを売国的行為とし、三井がその先頭に立ったと思い込んで、彼らは団や池田を標的にした。

池田の前の三井のリーダー、団が菱沼五郎の凶弾に倒れたのは昭和七（一九三二）年の三月五日である。団を撃った理由について菱沼は、

「腐敗しきっている既成政党を打破する目的でやったもので、既成政党の背後にはかならず大きな財閥の巨頭がついているから、まずその財閥の巨頭からやる計画をたてた。団をやったのは、いまの財閥の中心は三井で、三井の中心人物は団だから、最初に血祭りにあげたのだ」

と語っている。

団の前には井上準之助が殺され、団の後には五・一五事件で犬養毅が殺された。団は、

「自分は悪いことはしていないから殺される理由はない」

と言って護衛がつくのを嫌がったりしたが、それですむ状況にはなかった。

団の後のリーダーに誰を据えるか。隠居していた益田孝が登場し、何人かいる人物の中で池田を抜擢した。

小島直記の『三井家の人びと』（光文社）によれば、その理由は二つある。一つは傑出した時代感覚である。昭和四年に外国出張から帰った池田は、三井財閥の性格を変えるべきだと主張した。

「三井の一家は、できるだけあらゆる事業関係の表面から名まえを没してしまわねばならない。たんに三井物産、三井銀行、三井鉱山といったような社長重役から、三井一家が手を引くのみならず、できることなら、これらの事業に三井の名を付することとさえどうかと思う。三井という名は、社会公共事業、慈善事業といった方面にのみ使えばよい。ひらたく言えば、ぜにもうけのほうでは三井の名を使わず、ぜにを散ずるほうだけ三井の名を出せばよい。そして三井財閥は、できるだけ単純な持株会社たる地位に修正さるべきである」

この提言を実践しなかったが故に団は撃たれた。三井一族の気に食わぬ意見でも堂々と主張する池田を登用するしかない、と益田は思った。

三井のリーダーに推される

益田孝が団琢磨の後の三井のリーダーに池田成彬を推したのは、

その問題意識の的確さと私生活のきれいさ故だった。昭和五（一九三〇）年十一月八日付の『新愛知』が池田をこう書いている。

「三菱金融資本の政治部が浜口（雄幸）内閣であるとすれば、三井金融資本の元締め三井銀行の筆頭常務池田成彬君は、在野党の立場にある。なんぞくだらぬ理屈は、よしにして、その池田君が貧乏する話。

大三井銀行を切りまわして、日本の財界に重要な地位をしめている池田成彬君は、月給がオンリー七百円、半期ボーナスが約十万円、これに、三井家の内帑（ないど）から、半期二万円の特別賞与がある。だから年収二十五万円と勘定したら、当たらずといえども近しだそうである。ところが貧乏でいつも金がないといっているし、自分のところの銀行には、当座貸越し三十万円ぐらいの借金が、いつもつきまとっている。

だから月給やボーナスはきっと赤字になっているだろう。三井銀行には機密費というものがない。それだから、重役賞与は多くしてある。それで代用をさせる制度とある。自動車その他いっさい自分持ちで、それで筆頭常務なんだから、ポケット・マネーがたくさんいる。しかも半期半期のボーナスは公明正大に、筆頭も筆足も同じく分配する。ただ前記特別お下げわたしの二万円がよぶんな額なんである。だから貧乏するのである、という結論が出てくるのだそうだ。

ばくろ小説『真理の春』によれば、室井コンツェルン親玉生野成信（いくのしげのぶ）で、さかんにやっつけられているが、割ってみれば、月給七百円だからたいしたことはない。金を貸してもうける人が借金をして……ではなんで食っているかというに、親譲りの財産による由だ。池田君は米沢藩の家老池田成章の長男に生まれ、慶応義塾を出て英国のケンブリッジ、米国のハーバードの両大学を親の財産で卒業してきた人だ。月給七百円でも、月賦的サラリーマンとは選を異にするのである。おなじ借金でも、おこづかい用の当座貸越し三十万円とくるとわれわれの月給制度とははなはだ趣を異にするのである」

事実として違っている点も少なからずあるようだが、財界人としては「池田清貧」だったということだろう。

しかし、池田は益田の推薦を受けたけれども、三井合名に入るのを一年ためらっている。たとえば三井呉服店（現在の三越）を日比翁助に譲った時、三井家から、なぜ手放したかと難じられたことを苦い体験として持っていたからだった。あれほど不愉快なことはなかった、と後に池田は回想している。

北一輝に資金提供

師の福沢も暗殺の脅威にさらされていたが、弟子の池田も同様だった。

小島直記の前掲『三井家の人びと』によれば、池田をねらったのは血盟団の古内栄司である。盟主の井上日召はこう語る。

「池田をねらったのは古内栄司だ。これこそ助かりっこのないはずの一人である。古内は謹直そのものの人物で、これが寝食を忘れて付いていたのだ。池田の別荘、本邸、それをいちいちつきとめて、吸盤のように吸いついていた」

それなのに、なぜ助かったのか。小島は書く。「その古内にさえすきをあたえないところに、池田の合理主義のほかの一面があった。彼は、危機は危機だ、と割りきった。けっして、手放し、ひとりよがりの楽観をしなかった。そして、身の安全をはかるためには、周到な策をめぐらし、警戒をおこたっていない」

その警戒策の一つが、北一輝に資金を提供していたことだった。福沢はやらなかったことである。

財閥を国民の敵と指弾し、昭和維新を唱えて、『日本改造法案大綱』を書いた北に、池田はしばしば会って〝軍資金〟をやっていた。見返りに北は、ファッショの動向などを教えていたとも思われる。

「本人にどのような弁解が用意されていたとしても、この事態をずばりと言えば、北は『買収された』のである」

と小島の追及は厳しい。

池田には、こうした一面があった。「そういううら芸も、その必要を感じればやれるところに、この人の柔軟で強靱な実践力があった」と小島は指摘する。

池田はテロを警戒するだけでなく、三井一族とも闘わなければならなかった。三井合名理事となって運営方法を改める提案をする。三井十一家の社員総会にすべての決定権があるのではこの非常時に対応できない。各社の正副社長と有力社員を十一家の代表とし、これに理事（使用人）二人を加えた七名で合名を運営したいとしたのである。

「非常時局であればこそ、一族が第一線にあってご奉仕すべきではないか」

と一族の三井高修が反論したが、池田はこう説いた。

「そうではございません。ご一族の皆さまが経営のポストにとどまっておられますと、世間では、企業が三井家という私的資本に隷属している、私的独占物となっていると言って、その反社会的傾向を今日以上に非難攻撃いたすでしょう。その事態はまことに憂慮すべきものがございます。このさい国家のため、三井家のため、大乗的見地に立ってのご英断が必要であると信じます」

第十章　福沢門下の三人の〝神様〟

〝企業再建の神様〟 早川種三

福沢門下には、私の知る限り、三人の〝神様〟がいる。犬養毅と尾崎行雄という二人の〝憲政の神様〟と、そして、〝企業再建の神様〟といわれた早川種三である。もちろん、明治三十（一八九七）年生まれの早川は、福沢の直弟子ではない。しかし、福沢精神の体現者としては、松永安左衛門に次ぐ存在ではないかと私は思っている。生前、何度も会って私はその魅力に惹かれた。

順序としては、犬養、尾崎の話から始めるべきなのだろうが、松永、池田（成彬）という実業の系譜の流れに沿って、ここで、早川種三という男を紹介しておきたい。

農機具メーカーの佐藤造機や興人の再建を一緒にやり、早川の弟子を自任する米信義（農林中金を経て東京製粉社長など）によれば、早川は「国宝級の人物」だが、それは、お茶屋と山と落第に明け暮れた慶応の学生時代に形成された。

のちに父親が仙台市長も務めた富裕な家に生まれた早川は、養子をもらってから生まれた子どもだったため、二十歳の時、生前贈与で三十万円ほどを譲渡された。現在のカネに直せば優に三億円を超える。

それをみんな早川は茶屋遊びに遣った。そしてある時、どうにもヤリクリがつかなくなり、父親に電報を打った。

「カネオクレ、ダメナラシヌ」

それに対して返って来た電報には、予想に反して、たった二文字、

「シネ」

とあった。こうした厳格な父親と、茶屋遊びと聞いて、

「どうせ田舎者の行く新橋、赤坂あたりだろう。柳橋へ行ってもてるかい」

と逆にあおるような、さばけた母親との間で早川は育った。

この茶屋遊びと山登りのため、早川は五回落第している。大学は違うが山仲間だった有吉義弥（日本郵船元社長）によれば、大正十三（一九二四）年の三月初め、早川は山岳部の送別会に出席し、

「いよいよオレも卒業だ。諸君と別れるのは実に辛い」

と、あいさつしていた。ところが、四月になると、相変わらず大ボスとして、新入生を相手に楽しそうに猥談をしていたという。そうしたことが一度ならずあったのである。

ある後輩は、及落を告げる掲示板の下で、

「早川ってのは、また落ちたか」

と自ら大声をあげる姿を目撃している。

前記の米は、早川さんは人の心の機微がコワイほどわかる、と言うが、早川は、

「オレはそれを女遊びで学んだ」

と言ったとか。

危機に動じない早川種三

昭和四十六（一九七一）年春、農林中央金庫融資第一部にいた米信義は、佐藤造機の再建に行け、と言われる。米は当時三十八歳。管財人の早川種三は同じトリ年だが、三まわり上の七十三歳だった。

この息子のような米に、早川は、

「私は素人ですから助けて下さいよ」

と頭を下げる。企業の再建についてはともかく、農機具業界のことはよく知らないので、早川はこう言ったのだろう。

こちらこそと答えながら、米は〝再建の神様〟として活字の上では知っていた早川の予想以上の親和力と巨きさに驚いた。感心しているまもなく、早川とともに、松江にある佐藤造機本社に飛んだ米は、いきなり、企画管理室長を命ぜられる。

何度か一緒に行った機上でも、早川は茶目っ気たっぷりだった。空港では、例によって、危険物を持っていないかどうか、確かめる身体検査がある。早川は妙齢の検査員がボディチェックを始めると、

「持ってるぞ、持ってるぞ、オレは立派なのを持ってるぞ」

と囃（はや）すのである。

七十歳を超えていた早川が「立派なモノ」を持っていたかどうかは知らないが、ある料亭の女将が評した如く、早川には男の色気があった。それが次のような機知を発揮させたのだろう。

再建の火事場騒ぎの日々に、米はある大失敗をやった。新しい役員

を誰にして新経営陣をどうつくるか。候補者選びを早川から提示されていた米は、その機密リストを作成し、使い慣れない複写機で、それを何枚かコピーした。ところが、肝心の原稿をそこに置き忘れてしまったのである。あわてて取りに戻ったが、誰かが持ち去った後だった。

青くなって早川のところに駆け込んだ米に対して、早川は眉ひとつ動かさず平然と言った。

「すぐ、いろいろな案をコピーして、社内にばらまいてきたまえ」

この一件以来、米はコピーを使わない。

これについて尋ねると、早川は、

「そんなことあったかな」

と、ただ笑うだけだった。

「早川さんは、相談すればピシャッと答えるけれども、あとは私たちにまったく任せるという感じですね。上に立つ人が一番むずかしいことを逃げないでやれば、たいていのことはうまくいくと思うんです。上が逃げて、下の人になんとかやれというと、失敗することが多い。早川さんは絶対に逃げませんからね。掛値なしで本気でぶつかるから、社内が明るくなるんですよ」（米）。

早川種三の「企業再建の極意」

早川種三は企業の再建に赴く時、たいてい一人で乗り込む。大勢引き連れて行くと反発を招くだけだからである。しかし、八十歳近くなって引き受けざるをえなくなった興人の時、歳も歳なので一人では無理と判断し、先に紹介した米信義や弁護士の古曳正夫らの応援を求めた。

『青春八十年』(日本経済新聞社)で早川は、その日の天気を「興人再建の前途を思わせるような波乱の空模様だった」と書いているが、早川が受けざるをえなくなるについては、ある重要な経緯があった。

早川は最初、当時の第一勧銀頭取、横田郁(たかし)や、三菱商事会長の藤野忠次郎から頼まれた時、即座に断り、三菱製紙会長の加藤武彦に頼んで正式にその旨を伝えてもらった。ところが、加藤が逆に向こうの使いとなって帰って来たのである。

実は、興人前社長の西山雄一が、副総理の福田赳夫と仲がよかったので、福田が横田と藤野を呼んで、ある男を管財人に推薦して来た。

しかし、この男は二人にとって「好ましくない人物」だった。それで二人は、とっさにウソをつく。

「実は早川を管財人に決めてしまっているんですが……」

早川では、福田も反対できない。

「そうか」ということになったが、早川に断られたら、大変なことになる。横田と藤野の意を受けた加藤は必死になって早川を説得した。

早川の企業再建の物語で、私が一番好きなのは次の逸話である。日本特殊鋼再建の時、同社には共産党員が百人余りいると言って、大森警察署がそのリストを持って来た。それに対して早川は、

「僕は働いてさえもらえば共産党でも大本教でもなんでもいいと思っています。企業は教育の場でもなければ政治の場でもない。労働組

合は再生に協力すると言っているんですから、それだけで十分です」

と答え、そのリストを突き返している。

早川は、思想というものは放っておくべきだと考えているのだ。右の思想が盛んになれば、必ず左の思想が擡頭するし、左の思想が盛んになれば、必ず右の思想が反発する。振り子のようなものである。それを人為的に操作しようとすると、右が多くなったり、左が多くなったりする。だから、思想にあまり手を入れるべきではない。

私は、早川のこの考えに全面的に賛成する者ではないが、思想を絶対視せず、それを極めてプラグマティックに捉える早川の思考は、まさに師の福沢に通ずるものと言うべきではないか。

〝憲政の神様〟犬養毅の若き日

のちに〝憲政の神様〟と呼ばれる犬養毅と尾崎行雄も、福沢から見れば「民権村の若い衆」に過ぎなかった。慶応の塾生当時、尾崎行雄や波多野承五郎は「協議社」を組織したが、それに反発して、「あんな奴らが秀才なら、秀才天下を毒する」といって猶興社を組織した犬養も同じに見えたのである。

岩淵辰雄の『犬養毅』（時事通信社）によれば、そのころの塾生はよく品川遊廓に遊んだ。

そんなことをする時間があったら勉強せよと思う福沢は、朝早く馬に乗って門前で待ち、帰ってくる塾生をつかまえる。そして、たとえ

ば、

「犬養君、おはよう」

と呼びかけるのである。

これで大分減ったが、裏道を通れば福沢に会わないとわかると、そこを通って帰って来る者も出てきた。

そしてまもなく、犬養は西南戦争に従軍して『郵便報知新聞』に「戦地直報」を書くことになる。肩書は「戦地探偵人」だった。二十歳そこそこの若さに任せて戦地に入り、突貫小僧的に書いた「直報」は評判となった。

その生々しいルポルタージュの一節を引く。

「……天既に明け戦全く止む、諸軍喧呼して曰ふ、我西郷を獲たり、

我西郷を獲たり、と、而して西郷の首果して誰が手に落つるを知らざる也。午前九時、偉身便腹の一屍を獲て来り、之を検すれば果して西郷なり、尋で其首級を獲たり、首は屍の傍らに埋め、微く頭髪を露す、因て之を掘出し、遂に桐野等の屍を併せて浄光明寺に集め、両参軍以下諸将校之を検し、同所に埋む。実に明治十年九月二十四日午前十一時也。兵を起して以来八閲月の久しきに弥り、地を略すること五州の広きに渉る。武も亦多しと言ふ可し。英雄の末路遂に方向を錯り、屍を原野に曝すと雖も、戊辰の偉功国民誰か之を記せざらんや。嗟我輩は官軍凱旋の日に歌ひ、国家の旧功臣が死せるの日に悲しまざる可らず。……」

小島直記は『福沢山脈』（中央公論社）で、同じく『東京日日新聞』

から派遣されて、戦地報告を書いた福地桜痴の文筆に比べても、「一アルバイト学生」に過ぎない犬養のそれは遜色がない、と称している。

しかし、帰って挨拶に行った犬養は、

「命知らずの大バカ者！」

と福沢に怒鳴りつけられる。

西南戦争と西郷の運命については深い関心を持ちながらも、犬養が従軍したことをとても心配していたのである。

犬養毅、福沢を語る

福澤大四郎著『父・福澤諭吉』に、犬養毅が二十歳上の福沢（先生）について語った談話が出ている。

「私は三田から出ていた『家庭叢談』という雑誌に投書したことがありましたが、これらの投書はみな先生のところへ行って説を聞いて書いたり、又は先生の方から呼びに来ることもあって其時の話を書いたりしておりました。箕浦は先生の説を其儘に書くので先生の方の評判がよかったが、私などは自分で文章を拵える方であったから甚だ気に入られない。そこで或時皆先生の真似をして、先生の口調を其儘文書に写して持って行ったところが、こんなに人の真似をしてはいけないと又叱られたことがありました。当時私は血気旺んな時分でありましたから先生の着実老成の議論では満足出来ず、大胆露骨に政府攻撃をやりましたので先生は、『君の議論は抜き身の槍を提げて敵に迫るようなもので、それではいけない。文章を書くのは槍のさきを真綿で包んで障子の外から狙いを付けて構えているようにしなければならぬ』ということをいわれました。

先生は後藤（象二郎）伯を非常に信用していて、塾で政治のことを議論する者があれば悉く後藤に紹介したものです。併し誰にでも政治をやれというわけではない。到底政治家になれそうもない人には又やはりそれぞれ得意のことをやるがいいといわれました。現に私の国（岡山）の美沢進という男が政治論などするのを聞いて、お前の家は何をしているかと問われたので、『酒屋です』と申したところ、『酒屋ならば国へ帰ってドブロクでも作れ』といわれたので、美沢が大いに立腹したことがあります」

この犬養が記者として西南戦争に従軍したことは先述したが、戦争の半ばに一度帰って福沢のところへ行き、大変叱られたことも語っている。

「お前は鉄砲玉がどこまで届くということを知っているか。危ないところへ行くのは馬鹿馬鹿しいではないか。なぜ塾にいて勉強しないのか」

こう叱責されたのである。しかし、のちに尾崎行雄と共に呼び出された時には、福沢は、

「お前達も政治の方をやるといってやり出したからには今更とめる訳にも行くまい。併し自分はいいとしても妻子眷属（けんぞく）はどうしているか、それが第一心配である。お前達のことは構わぬが妻子眷属に少し金をやろう」

と言い、二人に金をくれた、と語っている。

また、やはり、矢野文雄が福沢に呼ばれ、石に齧りついても遣り遂げると言ったら、石や砂が米になるものでないからそんなことを言ってはいけない、と諭されたとか。

尾崎行雄の語る福沢

次に尾崎行雄の福沢論を引こう。尾崎は犬養より三歳下だから、福沢とは二十三歳離れている。

「私は十四、五歳の頃に入塾いたしましたが、少年客気の致すところ、在塾中は常に反抗的態度に出で、事毎に先生を始め諸先輩教員諸氏の言行を批評し攻撃したので、遂に在塾一年ばかりで塾風に合わないからとの理由で退学を命ぜられました。定めし先生は私に対して不快の感を抱いていられることであろうと思っていましたところ、其後新潟新聞(ママ)から招聘せられ赴任したとき、同地方の有力者の許で実は福澤先生からこういう手紙をいただいているが、とて示されたのが左の書翰でありまして、私は今さらのように先生の寛容、門人を愛することの深いのを知って感激いたした次第であります。

新聞記者の義唯今決定いたし候。当人は慶応義塾生　尾崎行雄
右多年本塾に在て文筆ある人物なり。西脇君抔(など)も多分御承知に可有之、これなれば必ず其任に堪え可申、此程中陸軍の方より少々話有之、又大阪新聞社にも関係ありて今朝迄も決し兼居候処、

唯今弥以新潟行と決定いたし候に付、貴社諸君に御相談の上差支無之候わば、可なりとの電報御遣わし被下度候。用意出来次第直に出発可致候。人物は古渡同様にてこれより下るべからず。就ては月棒も五十円には可然存候間、其辺も御含置被下度、旅費等の義も御申越の通にて固より異論なし。

右急用進度、早々敬具。

九月十八日夕六時　　福澤諭吉

鈴木長蔵様　机下」

福澤大四郎の『父・福澤諭吉』には、尾崎の談話と共に、井上公二のそれも載っている。井上によれば、尾崎は明治二十年の保安条例で東京を追われ、欧米視察の旅に出てサンフランシスコに立ち寄った。

それで井上らが日本人会を開いて尾崎を歓迎する。盛会だったので井上がその模様を記して『時事新報』に送ったら、福沢から礼状が来て、将来についても励まされた。その後はこう続く。

「私の塾にいました頃は、先生が教室を見舞われたり、演説館に立たれたり、（中略）私共に皮肉なお小言を下されたりした其先生の印象は残っていますが、私自身先生に刺を通じたこともありませんので、先生から見れば一面識もない無名の青年に過ぎないはずでありますにも拘らず、かく懇篤なお手紙に接することの出来たのは、私の意外として驚喜に堪えなかったところであります」

犬養毅と尾崎行雄の出会い

慶応の塾生時代、犬養毅と尾崎行雄は最初、仲が悪かった。間に立った波多野承五郎が、ある日、校門のそばで犬養を呼びとめる。

「君は尾崎君が嫌いなんだろう?」

にこやかにそう問いかけられて犬養は、

「尾崎? ああ、あの琴泉とかいう雅号の男だろう。別に問題にもしとらんね」

と答える。

「その琴泉というのはやめたよ。どうやらその原因も君にあるらしいけど」

波多野の説明に、犬養が、

「どうして？　おれは、そんな女の画家かアンマのような雅号に興味はないぞ」

と返すと、波多野は、

「それそれ。女画家かアンマという批評を気にして、尾崎君は別の雅号をつくったんだ」

と応じる。

「フン。暇な野郎だな」

鼻であしらおうとする犬養に波多野が、

「そういわずに、一度会ってみないか。なかなかの人物だよ」

と食い下がる。

「興味はないが、彼奴が会いたいというならば会ってやろう」

尾崎より三歳上の犬養が、いささかならず高飛車に出て、二人の出会いは実現する。

小島直記の前掲『福沢山脈』から、その場面を引こう。

「僕が尾崎だ。君の名前は『郵便報知』の戦地直報で知っていたよ」

「そうか。ところで君は、あの琴泉とかいういやらしい雅号を捨てたそうだな。今度は何だ？」

「学堂と変えたよ」

「学堂？　学堂とは君、支那ではスクール、学校のことだぜ。妙な雅号にしたもんだな」

「そういう君はどうなんだ？」

「おれか。おれの号は木堂じゃ」

「木堂？　木堂とは材木小屋のことか」

対話はそこまで、共に腹を立てて、最初の出会いはそこで決裂した。

福沢のいう「民権村の若い衆」は血気盛んだったのである。

そんな経緯もあって、勉強に身が入らない犬養は卒業できないかもしれないという噂が立った。それを聞いて心配した友人の伊藤欽亮が犬養に、

「君は英学だけやって、数学や簿記はやらないそうじゃないか」

と尋ねると、犬養は、

「あたり前だ。おれにはそんなもの必要ないんじゃ。おれは英語を読める力がつけば、それでよいからの」

と答え、

「人間はな、卒業免状で生きるんじゃない、この腕で生きるんじゃゃ」

と言って退学してしまった。

猿に見せるつもりで書け

師とは、誰にとっても、ある意味で敬遠したい存在である。のちに〝憲政の神様〟と呼ばれることになる尾崎行雄にとっても、福沢はそうだった。

『新潟日報』の主筆となって赴任する前、尾崎は福沢を訪ねて、

「お前さんは、だれに読ませるつもりで著述なんかするのかい？」

と尋ねられたことがある。

毛ぬきで鼻毛を抜きながらの質問に、尾崎はムッとしながら答えた。

「世間の識者に見せるためです」

するど福沢は眉をひそめ、

「バカものめ！　猿に見せるつもりで書け。オレなどはいつも、猿に見せるつもりで書いてるが、世の中はそれでちょうどいいんだ」

と尾崎を叱りつけた。

ことさらに難解な表現をせず、平明に書けというのが福沢の真意だったが、例によって極端から極端に引っ張るような言い方に尾崎は腹を立て、

「折角、ひとが真面目に聞いているのに、何という不親切な、威張った態度か。よし、もう絶対に訪問しないぞ」

と誓って福沢邸を後にした。

しかし、前述したように、一方で福沢は新潟の有力者に尾崎をよろしくと手紙を書いていたのである。

明治二十三（一八九〇）年の第一回衆議院議員総選挙で尾崎は三重から立候補して、有効投票一九一九票の内、一七七二票を得るという大勝利を果たした。

小島直記の『硬派の男』（実業之日本社）によれば、尾崎は、

「いつもは叱言ばかりだが、今度は少しほめてくださるかもしれん」

と思って福沢邸を訪れる。

しかし、福沢は、おめでとうとも言わず、筆をとってさらさらと次の文言を書き、尾崎の鼻先に突きつけた。

道楽に発端し、有志と称す
馬鹿の骨頂、議員となり
売りつくす先祖伝来の田
贏(か)ち得たり一年八百円

文尾の「一年八百円」は当時の議員の歳費だが、わが子ならぬわが弟子を全力で谷底に突き落としている獅子のようである。

しかし、このように鍛えられて、尾崎は軍国主義下でも節を曲げぬ数少ない政治家となった。

大正二（一九一三）年の桂太郎首相を弾劾した演説は、「桂を愧死(きし)

せしむ」といわれたし、昭和のファシズムの中で国際協調主義を唱え、「非国民」と難じられた。日独伊三国同盟に反対し、昭和十七（一九四二）年には不敬罪で起訴されて巣鴨拘置所に放り込まれている。時に八十代半ばだった。

尾崎行雄の一喝

日中国交回復に尽力した清廉の政治家、松村謙三の生涯を書いたことがある。老子の言葉を借りて『正言は反のごとし』（講談社文庫）と題してだった。

富山生まれの松村は東京遊学を志し、父親の友人の代議士、島田孝之の紹介状を持って、大隈重信、犬養毅、尾崎行雄を訪ねる。

まず、明治三十五（一九〇二）年当時には野に下っていた大隈に会い、郷里の友人に「今も冷や汗の出るような生意気な」葉書を書く。

「来てみれば、さほどでもなし富士の山　釈迦も孔子も、かくやありなん」

晩年になっての『三代回顧録』では、松村はその後、「しかし富士の山は仰げば仰ぐほど高かった」と付け加えている。

犬養に会った印象は薄く、記憶に残っていないが、品川の東海寺の境内に家を借りていた尾崎を訪ねた情景は「きわめて鮮明」だった。

貧乏でも堂々たる門戸を張った尾崎は紋付き羽織に袴姿で松村を迎えた。大隈と板垣退助の、いわゆる隈板内閣の文部大臣をやめた後だから、まだ四十歳になるかならぬかだったと思うが、端然としていた。

松村は、名士を訪ねたら、まず時候の挨拶をしなければならないと勝手に決めて、そんなことを言ったら、尾崎はじろりと松村を見すえ、

「お前は学生だろう。商売人のように暑いとか寒いとか、そんなことを言うものではない」

と一喝された。

返す言葉もなく畏れ入っていると、

「お前はいったい、何のために来たのであるか」

と尾崎が尋ねる。

「島田さんの紹介状にもありますが、実は私学を希望するので、早稲田にでも入ろうかと、ご指導を承りたく……」

と松村が言うと、前文相の尾崎がズバリと答えた。

「日本の大学というのは、金をかけた大学ほど悪い。一番に悪いのは、一番に金をかける学習院である。次は帝国大学である。早稲田あたりは貧乏だからよいだろう……」

これで松村は早稲田に入ることにしたというが、この最初の出会いのせいで、松村は尾崎に「なにかおびえる気持ち」を持ち、議員になってからも、なかなか会えなかった。

晩年の尾崎を逗子の別荘に訪ねて、このときの話をしたら、尾崎は笑っていたとか。

それにしても、尾崎の一喝は、松永安左衛門が慶応に入って教師たちにていねいに挨拶をし、福沢にそんなことをしなくてもいいと、たしなめられた話を思い出させる。

九鬼隆一の卑劣を福沢は許さず

「明治十四年の政変」は、藩閥政府の薩長出身者が、大隈重信と福沢諭吉が結託して政府転覆の陰謀を企てているとして、大隈を政府から追放したものだった。

こんな根も葉もない密告をしたのは、福沢門下の九鬼隆一という男で、九鬼はのちに男爵になり枢密顧問官にもなったが、福沢は九鬼を許さず、福沢の死の直前にわびをかねて見舞いに訪れた九鬼を門前払いしている。

ちなみに、九鬼は岡倉天心を引き立て、九鬼夫人の波津に天心が恋をするという一幕もあった。

九鬼については、『大隈侯八十五年史』で、大隈がこう語っている。

「最早長い昔の話だが、九鬼隆一が、私の為めにすることがあったと見える。黒田（清隆）に針ほどのことを棒のように伝え、薩摩人から見ると謀計でもするように思いとり、伊藤（博文）、井上（馨）をグッというほど威嚇しつけたから、伊藤、井上の二人は慄えあがり、終始を懺悔して、軍門（薩長の藩閥）に降り、申分けのために大隈、福沢両人の首を挙げてと約したそうだ。しかし、内閣で参議顔揃えのときに、だんだん実際を探偵してみれば、九鬼のいうようなことでもなし、国会開設云々の相談には、有栖川宮殿下も、岩倉（具視）公もあずかられている。ゆえに、その相談をした、また、希望したものを国事犯に問うとなれば、ワシを先に（宮殿下が）捕縛しろといわれたから、薩摩人も仕方なしに、国事犯の話はウヤムヤのうちに葬り、また北海道（官有物）払下云々も沙汰なしに消滅してしまった。……」岩淵辰雄は前掲『犬養毅』で、大隈のこの談話を引いた後、「これを見ると、藩閥側は、大隈、福沢を国事犯として死刑にでもしようとしたものらしい」と書いている。

それが大隈の退官だけで決着したのは、有栖川宮が「国会開設について相談したということで国事犯にするなら、まずワシを先に逮捕しろ」と主張したのと、明治天皇が、大隈罷免の奏請に対して、

「大隈が不都合であるというが、何か証拠があるか」

と岩倉に尋ね、岩倉が、

「われわれをご信用下さい。証拠調べとなっては大変なことになり

ます」

と答えて御裁可を仰いだのに、天皇が、

「いま大隈を罷めさせては、薩長が連合して大隈を退けたことにならぬか」

と重ねて懸念を示して大事にならなかったためといわれる。岩倉はのちに、大隈に会って詫びなければ死んでも死にきれないと言い、病を押して会おうとしたが、それを聞いた大隈が岩倉を訪ねて仲直りしたのだった。

伊藤博文と井上馨への福沢の詰問状

国会開設と憲法制定の気運が盛り上がって大隈重信は憲法草案を発

表した。それは福沢門下の矢野文雄が起草したものだったが、伊藤博文や井上馨ら藩閥政治家と福沢の遣り取りについて、『朝吹英二君伝』にこうある。

「(明治)十三年の暮、井上から大隈、伊藤の三人で、親しくお話したいことがあると面会を求めに来たので、大隈邸に福沢が出掛けると、三人は口を揃えて、先生に新聞紙を発行して民論を指導してもらいたいとの希望である。先生は、政府の主張が足らないのに、その機関紙を引受けるなどは真平御免だと、すぐに断ろうと思ったが、一応、考えた上でといって別れ、翌年一月早々、井上を訪うて謝絶の意を述べた。そのとき、井上は容(かたち)を改めて、然らば打ち明け申さん、われわれ三人の間には、国会開設の相談を決し、遠からず実行する覚悟で、目下薩摩の連中を説得中だが、これは必ず同意させるつもりである。すなわち国会開設は政府の決定で、われわれ当局者として新聞紙発行を先生にお頼みするのであると、くわしく内情を話した。先生はこれを聞いて、自分の意思に合致したのを喜び、それまでのご決心とはしらなかった。かくては明治政府の幸福、日本も万々歳である。諭吉も国のため一臂をふるい申さんと、即座に快諾。それより内々新聞発行の用意に取り掛られた」

それが国事犯として処刑する方向にまでねじ曲がっていくのである。つまり、大隈が統計院をつくって、福沢に頼み、三田から矢野や犬養毅等の俊秀を政府に迎えたのも、大隈、伊藤、井上の間に了解があり、その了解の下で福沢に応援を求めていたからだった。それだけに、伊藤と井上に対する福沢の怒りも激越だった。福沢は前後三回にわたって二人に詰問状を送っているが、その中で次のように指弾している。

「大隈が出した国会の奏議も福沢の手に成りしものであらう。三田の社中にて編製したる私擬憲法草案も諭吉の作であらう。三田の壮年輩が都鄙に喋々したるも諭吉の差図であらう。これ等の事について金も費したる事ならん。その金の出処は三菱であらう。故に大隈と三菱と諭吉と同穴の狐狸であらう云々とて、結局、であらうの四字を以て根拠に立てたる御考のやうに相伺ひます。又その事跡に顕れたる所は、本年十月、外務省の公席にて、近来、福沢諭吉の挙動は訝しきものだと明言するに至った。以て、お考の果して然るを証するに足るであらう。折しも大隈の参議、三田社中の私擬憲法、又その喋々言論の趣旨果して是か非か。これは他日の談として閣き、諭吉がこれに関して力ありとは何の実証を押へられたか、唯その拠る所は、であらうの四字に止るのみである」

軍隊を出動させようとした明治十四年の政変

脛に傷を持つ黒田清隆や井上馨、そして、伊藤博文らによって仕組まれた大隈重信と福沢の追放劇、いわゆる明治十四年の政変の最中、福沢が伊藤と井上に出した詰問状は「であらう」ですべてを判断するのかと呆れつつ、激しい怒りをこめている。

「世間若し、であらうを以て、憶断を下す時は、疑ふべきものが尠くない。否、恐るべきものが甚だ多い。例へば藤田、中野は贋札を作ったであらう。両人の外に誰れ彼れもこれに関係したであらうとて、遂に一昨年の不体裁を生じたではありませぬか。故に方今政府に於て諭吉に対し、彼のであらうの迷夢を払ふまでは弁解も無益と存じ差控へ、唯我大切なる日本国の政府に斯るたはいもなき憶測説の流行するを嘆息し、気の毒に存ずるばかり」

最初は福沢を抱き込もうとし、それがうまくいかぬと見るや、一転、国事犯として逮捕しようとする。伊藤や井上ら、藩閥政治家がいかに福沢の力を恐れたかを例証しているとも言える。

この場合、大隈と福沢は裏表の関係にあった。影響力からいえば福沢が表だが、政府にいるという意味では大隈が表だった。いずれにせよ、伊藤や井上から見れば一体ということである。『大隈伯昔日譚』

で、大隈は当時のことをこう振り返っている。

ちょうど明治十四（一八八一）年の十月十一日。先帝のお供で七十余日、東北から北海道を巡って帰って来ると、その夜の一時ごろに伊藤と西郷従道（つぐみち）が大隈のところにやってきて、

「容易ならざることだから、辞表を出してくれ」

と言う。内閣会議を開いて大隈追放を決定したからというのである。

その間の事情も大体はわかっていたので大隈は、

「よし、わが輩が内閣に出る。辞表は陛下に拝謁してから出す」

と答えたら、二人は当惑していた。しかし、それはいけないとは言えない。

ところが、宮中はもちろん、有栖川宮も北白川宮も門衛が厳重に遮

って大隈を入れないのである。「昨日まで供奉申し上げた陛下にも、御同行申し上げた宮様にも、今日は固めの門衛から拒絶されて、御会ひすることすら出来ないと云ふ、急転して体の宜い罪人扱ひとなってしまった」のだった。

岩淵辰雄が『犬養毅』（時事通信社）に記す如く、伊藤や井上は九鬼隆一の密告で、水鳥の羽音を聞いたように驚き、大隈と福沢が一揆でも起こすのではないかと恐れたのである。山県有朋などは警備のために軍隊を出動させようとさえしたというのだから、お嗤いである。

「洋学紳士」の改進党

大隈重信の免官と共に発布された国会開設の詔勅によって、政党結成へと政界は動き、明治十四（一八八一）年の十月二十九日に板垣退助を総理とする自由党が誕生した。それに遅れること半年、翌十五年の四月十六日に、大隈を総理とする立憲改進党が発足する。

福沢は後藤象二郎を信頼し、大隈と後藤の連携によって改進党がスタートすることを望んだが、後藤は自由党に走り、いささか力弱い形での出発となった。結局、改進党は、沼間守一の嚶鳴社、矢野龍渓こと矢野文雄の率いる慶応系の犬養毅や尾崎行雄ら、それに小野梓を中心として高田早苗、天野為之ら、のちに早稲田大学の創立に参加する人たちが寄り集まって結成されたのである。

人脈の流れもさることながら、のちのちまで微妙な違いを見せる自由党と改進党の性格の差、党の気分について、中江兆民が『三酔人経綸問答』で、次のように諷している。自由党が「豪傑君」、改進党が「洋学紳士」である。

「曰く、在野人士中自由の義を唱へ、同一革新の説を主張する点に変りがないけれども、其の間に旧きを喜ぶものと新しきを好むものと二つの元素が隠然として力を逞うしてゐる。新しきを好むものの尊ぶところは理論で、賤むところは腕力である。彼等は産業を先にし武備を後にし、道徳法律の説を研鑚し、経済の理を攻究し、常に文人学士を以て任じ、武夫豪傑の流儀や叱咤激越の態度を貶する。宜（むべ）なり、此の連中の景慕するところはグラッドストン、チェールの徒で、ナポレオン、ビスマルクの輩でない。若しその旧きを喜ぶ元素に富むものは、自由を認めて豪傑の行となし、平等を認めて破壊の業となし、悲壮慷慨して自ら快となし、佶屈（きっくつ）な法律学や無味乾燥な経済学は其の喜ぶところでない」

保守合同で生まれた現在の自由民主党にも、二つの政党の党風の違いは厳然として残っている。自由党は最初からルソー流の天賦人権論に立ち、自由の獲得を高唱する豪傑君的壮士の集団なのに対して、改進党はイギリス流の合法的な進歩主義の立場をとる紳士の集団だから、もうひとつ肌が合わない。藩閥政府はまた、これに付け入って必死に両党の離反を図った。

ともあれ、師の福沢と同じく、共に改進党系の犬養と尾崎は大正に入って憲政擁護運動の先頭に立ち、〝憲政の神様〟と呼ばれる。その二人の演説会の模様を当時の新聞は次のように報じた。

「（尾崎）咢堂が雄弁は、珠玉を盤上に転じ、（犬養）木堂が演説は、霜夜に松籟を聞く。溽渓の趣、淅瀝の声、各異なると雖も、共に一世の雄なり」

昭和七年五月十五日

昭和七（一九三二）年五月十五日は日曜日だった。夕刻、護衛の巡査を撃ち殺して、犬養毅邸に暴漢が乱入して来る。

「お逃げ下さい！　お逃げ下さい！」

と、まだ撃たれていない護衛が叫んだが、当時七十七歳の老首相は、

「いいや、逃げぬ」

と言い、彼らと会って話そうとする。

その言葉も終わらぬうちに、海軍少尉の制服を着た二人と陸軍士官候補生姿の三人が土足のまま現れた。中の一人がいきなり拳銃を突き出し、引き金を引いたが、なぜか、弾丸は出なかった。

「まあ、急ぐな。撃つのはいつでも撃てる。あっちへ行って話を聞こう……ついて来い」

犬養は嫁と孫を暴漢たちから引き離すように、「突き出た日本間」に彼らを誘導する。

そして床の間を背にゆったりと坐り、座卓の上の煙草盆を引き寄せ、拳銃を擬して立つ若者たちにもすすめてから、

「まあ、靴でも脱げや。話を聞こう……」

と言った。

しかし、そのとき、そこにいた五人よりはるかに殺気立った四人が入って来て、

「問答無用、撃て！」

の大声と共に次々と九発の銃声を響かせる。

それだけの弾丸を浴びながら、犬養は両手を卓にかけ、しゃんと坐っていた。指にはさんだ煙草も落としていない。そして、

「呼んで来い、いまの若いモン。話して聞かせることがある」

と、そばの者に命じた。

多分、犬養は首相を引き受けた時から、この日のあることを覚悟していたに違いない。

「じいさん、軍に楯つきおって」

こうした声は軍部だけでなく、犬養を支持すべき政党の中にもあった。

不況と農村の疲弊は中国大陸への侵略と満蒙（満洲蒙古）進出によってしか突破できないとする軍部と、日中友好を基本とする犬養の考えは、しょせん、相容れなかった。

「支那のものは支那へ返せ」と主張する犬養と、支那（中国）のものを自分のものとしようとする軍部とは水と油の対立関係にあったからである。

犬養の女房役であるべき内閣書記官長、森恪（かく）は軍部と通じており、犬養が進めていた中国との和平工作を見抜き、その旨を記した秘密電報を関東軍中佐の石原莞爾（かんじ）に送っていた。

「犬養のよこす使者はぶった斬ってやる！」

石原がそう叫んだと伝えられるのはそのころのことである。森は森で、犬養の息子の健を、

「判読不明の電報が犬養家に行きすぎると陸軍が言ってるぞ」

と脅していた。

孫の道子の語る犬養毅

昭和七（一九三二）年の日本には、とりわけファッショの嵐が吹き荒れ、二月九日には井上日召率いる血盟団の団員が前蔵相の井上準之助を襲い、三月五日には同じく血盟団の団員によって、三井合名理事長の団琢磨が暗殺された。

そして、五月十五日の首相（当時）犬養毅の横死である。時に関東軍中佐の石原莞爾は四十三歳。祖父の毅を殺された道子は十一歳だった。

その二日前、七十七歳の毅は、

「道公、お祖父ちゃんと散歩しないか」

と誘った。珍しいことだった。

毅は着流しに庭下駄姿でひょこひょこと歩き、官邸用畑に出て、菜っ葉の虫をつまんだり、かがみこんで草をとったりした。

「どんな言葉をお祖父ちゃまは使ったのか。言葉として私は何ひとつおぼえていない。しかしはじめて、そして最後に、お祖父ちゃまはその午後、正確に言えば昭和七年五月十三日金曜日の煙ったい午後、私に生の教訓を語ったのである。土に托し、花のすんだあとの坊主になったバラの実に托し、この坊主は地に落ちる、というようなことを彼はしずかに言った。むしろ楽しみつつ言った。落ちるとそこから芽が出る……逆に言うと、落ちなければ生命はつづかないのだ、と。持っとれ、と言ってお祖父ちゃまは野バラの坊主をひとつ呉れた」

暗いテロの時代に、しずかに生を語る。その二日後にこの祖父は殺されただけに、道子にとってこの日の散歩は忘れることができないだろう。

道子は『花々と星々と』の続編の『ある歴史の娘』（中公文庫）にズバリと書く。

「祖父犬養木堂暗殺の重要要素をなした満洲問題は、その発生から満洲国建立までの筋書一切を、極端に単純化して言うなら、たったひとりの、右翼的神がかりの天才とも称すべき人間に負うていた。『満洲問題解決のために犬養のよこす使者はぶッた斬ってやる！』と叫んだあの、石原莞爾その人である」

　孫文や蔣介石が出入りする家で育った犬養道子は、前記の卓抜な「昭和秘史」の中で、

「偏狭排他のナショナリズム。それこそは、私が人生はじめの七年間に、それを呼吸し、それに浴し（ゆあみ）、それに吸いこまれ育った、インターナショナリズム・普遍主義（ユニバーサリズム）の『白樺』の主唱理想と全く相いれぬものであった」

　と抑えきれぬ激情をこめて指弾している。

まさに、そのインターナショナリズムとユニバーサリズムこそ、犬養が師の福沢から受け継いだものだった。もう一人の〝憲政の神様〟の尾崎行雄も、たっぷりとそれを継承し、晩年は世界連邦運動に力を入れることになる。

「廃国置州」を主張した尾崎行雄

尾崎行雄は『わが遺言』にこう書いた。

「学校では国民教育などと鎖国的になるような教育を施し、事実無根な神話的歴史などを根拠にして、この国は他の国とは大分ちがうものでもあるように、子供の頭に吹きこんでいたということはもっての外の誤りであった」

人間の頭の中に無理に国境を造り、おれはどこの国の者だとか、おれはどこの民族だとかいって衝突の種まきをしているのが禍の根本だと尾崎は指摘する。

それを断つには国際教育を施す以外にないのであり、「その国際教育の発足する根本はどこかといえば、それは世界精神であって、すべての教育の根源はここにある。虚偽や迷信による教育では駄目である。どこまでも道理の通った物差し、そろばん、はかり、ます、これを根拠としたいわゆる科学的合理主義の精神、これが世界なのである」という。

尾崎の娘の相馬雪香（ゆきか）他編著の『咢堂　尾崎行雄』（慶應義塾大学出版会）によれば、尾崎は「廃国置州」というユニークな考えで世界の変革を説いた。

「日本でも明治の初めまでは藩民というものはあったが、国家というものはまだなかった。薩摩藩と肥後藩の境には関があり、両藩人が会う時は刀に手をかけて会うなどという程に敵対行為をし愛藩心が強かった。これは未開だったからであった。それをやめて廃藩置県をすると日本は一体になってしまった」

だから尾崎は「それと同じことを世界に行いたい」として、世界の国を廃することを主張したのである。

「私の主張する世界連邦ということは、まあ、廃藩置県ということと同じであります。……世界には、私たちの子供の時にあった藩同様な国家と称するものが五十か六十あります。……これが境がないのに境を築き、政府を別々に作り、また貨幣も別々に作っているという、ちょうど日本旧藩がやっておったと同じことを世界中でやっている。これを廃して世界に一つの国を作るというのが、私のいう世界連邦ということです」

東京市長時代、尾崎はアメリカに桜を三千本寄贈した。日露戦争の際、日本が好条件で講和に持ち込めたのはアメリカの援助があったからであることを知り、その恩義に報いたいと思ったからである。最初に送った若木には虫がついていて全滅し、改めて消毒したのを送ったが、それはいま、ワシントンの名物となっている。

しかし、尾崎の娘の雪香が小学生のころ、ある教師が、桜は日本の魂なのに、それを外国に売ったヤツがいる、と非難した。尾崎が贈ったことをその教師が知っていたかどうかはわからないが、雪香は彼をにらみつけていたという。

謀反人好きな朝吹英二

尾崎紅葉の『金色夜叉』が評判になっていたころ、文部大臣だった尾崎行雄は帝国教育会に招かれ、五百名余りの教育者を前に、金権万能の風潮を次のように批判した。

「世人は米国を拝金宗の本家本元のように思っておりまするが、決して世人が思うほど拝金主義の国ではありません。同国の歴代大統領、どちらかといえば貧乏人の方が多いのであります」

そして、こう続ける。

「日本は共和政治となる気づかいはありません。たとえ百年千年を経るとも共和政治の国となることはありませんが、かりに日本が共和国であって、大統領を選挙する政治組織であるとすれば、三井、三菱の代表者が大統領に選出されるかもしれないのであります」

小島直記の『福沢山脈』によれば、喝采を浴びたこの卓論に、御用新聞の『東京日日』がイチャモンをつける。演説の中の「共和政治」という一語を捉えて、「尾崎は共和主義者である」と書き立てたのである。

山県有朋から、藩閥政治家がその火を煽った。内閣からも内務大臣の板垣退助が尾崎批判の声をあげたりして、尾崎は後任に犬養毅を推して辞任する。

この経緯を福沢はどう考えているか、尾崎は気になったが、そんな失意の日々に朝吹英二と飲む。当時、朝吹は三井工業部の専務理事だった。朝吹の好きな石田三成の話になり、尾崎が、

「あんたの三成びいきは有名だが、他には誰が？」

と水を向けると、朝吹はしばらく考え、

「そうだな、好きな人物といえば、明智光秀、大塩平八郎、金玉均、蓮月尼……、これに福沢先生ということになるかな」

と答えた。尾崎が、

「おや、大体において謀反人ばかりじゃないですか」

と訝（いぶか）ると、朝吹は、

「謀反人というよりも、みな世にいれられぬ反骨児なのさ。逆境の

人間であり、弱者だったともいえる。ワシは足利尊氏も好きなんだよ」

　と言葉を継いだ。

「それは困る」

　と尾崎が言っても、朝吹は、

「そうかな。ともかくワシは、不運の人間、逆境に苦しむ人間を見ると、他人ではないような気がしてくる。ワシ自身のこれまでが、逆境と不如意で終始したことはあんたもよく知っているが、おそらくそういう自分の境遇に照らしあわせて人一倍同情するのかもしれないがね……」

　と意見を変えなかった。

慶応では教育勅語を読まず

〝大風呂敷〟と綽名された後藤新平が、福沢について、こう語っている。

「私の考えるところでは、先生は非常にサイエンティフィックな人で、此サイエンスを通俗化して一般衆庶の間に知らしめるというのが先生の根本目的で、いわゆる福沢宗の本旨は茲にあると思います。よく世間では福沢は拝金宗の親玉だなどというが、これは先生を知らざる通俗の見で、先生はよく経済々々と唱えられたから、こんな風に誤解されたのですが、私の見るところでは先生は経済々々と呼号せられた癖に自身では割合に不経済な人だったと思います。一体先生が財政だの経済だのと唱えられたのは、封建武士の遺風で金銭を蔑視する風潮のあるのを見られ、そんなことは真の武士道ではないぞ、大いに殖産の途を講じて国利民福を計るのが真の武士道だぞということを知らせてやろうというお考えであったろうと思います」

後年、〝小説の神様〟といわれた横光利一は経済小説の元祖ともいうべき『家族会議』という作品の「作者自身の言葉」に、「ヨーロッパの知性とは金銭を見詰めてしまった後の知性」であるのに、「日本の知識階級の知性は利息の計算を知らぬ知性である」と書いた。福沢は別に拝金宗の徒ではないが、福沢を非難する者たちが拝金宗の徒だったのである。経済で争わずに武力で争いたい者たちとも言えようか。

福沢門下の尾崎は国際教育の必要性を説いたが、慶応では教育勅語を読まず、君が代を歌うこともなかった。そのため、尊皇攘夷を唱える者から福沢は暗殺の対象とされたが、要するに形式ばったことが嫌いだったのである。福澤大四郎は『父・福澤諭吉』にこう書いている。

「塾では勅語を読まなかったので、一部の人々には、共産党のようにみられていたかもしれない。幼稚舎の子供が他の中学校へ移ったとき勅語の話が出たが、初めて見たというので、その教師は驚いたが、こちらも不思議に思ったという話がある。父が忠君愛国の士であることはいうまでもない。多くの識者には早くから認められていたが、わからない人は年と共に少なくなり、晩年には危険な誤解は全くなくなった」

日清戦争の時、福沢は国に一万円を寄付している。皇太子の結婚祝いという意味で金五万円を受け、すべて塾へ出した。そのお礼に当時の塾長の小幡篤次郎と長男の一太郎が宮中に参上している。福沢は病後で行かなかったが、自分のような者が陛下の前に出て粗相をしてはいけないという思いもあった。「自分が無作法者であることをよく知っていたので、父はおそらく一度も宮中へは行っていない」と大四郎は書いている。

三菱の岩崎弥太郎と福沢

明治七（一八七四）年春、岩崎弥太郎は訪ねて来た従弟の豊川良平にこう言った。

「ウチも内容が充実して、ここに大きく西洋式の会社らしくしなければならぬ。どうじゃ、その仕事がやれる男を慶応から引っぱってこぬか」

三菱の始祖であり、海運界の覇者となった岩崎が、いわゆる近代化を志したのである。従弟の豊川は変わり者で、本名は小野春弥。自分で勝手に、豊臣、徳川、張良、陳平から一字ずつ取って豊川良平と名のっていた。このほかに、好きな大久保彦左衛門と幡随院長兵衛から苗字と名前を取って大久保長兵衛と名のったこともある。

それはともかく、岩崎の言葉を伝え聞いて、福沢はとても喜んだ。『福沢山脈』によれば、まず、三菱という日本一の海運会社が変わろうとしていることが喜ばしい。

また、門下生、つまり塾の卒業生の就職先が広がったことが喜ばしかった。

福沢は大隈重信に宛てた手紙の中でこう書いている。

「すでに卒業して、故郷へ帰っても、仕事がない。東京にいても浪人では不面目である。商売でも、文筆でも、何でもいいから、穴のあるかぎり、さがしつくしてはいりこもうとするのであるが、それでもなお、仕事がなくて苦しむものがはなはだ多い。こうした連中が毎日のようにやってきて、仕事をさがしてくれとせがむ。じつにそのわずらわしさにたえない。またその情を察すると、ずい分役に立つべき人物をうっちゃり放しにするのも不本意と思い、ただ当惑するのみです」

福沢は「利を争うは理を争うこと」と喝破した。

「尚武の世には、腕力武勇をもって立国の元素とした。だが明治の文明世界においては、国を立てるには学識、徳義が必要であるとともに商工殖産を急がねばならぬ。そこで腕力武勇のかわりに智徳財産をもってし、いやしくも今日の日本社会に有智有徳、人望があり、財産が豊かで勢力がさかんなものがあれば、この人物にたのんで立国の謀を立ててもらわねばならない」

これが福沢の「立国の背景」論だった。

こうした教えを受けて、三菱に入り、その社則をつくったのが荘田平五郎である。

岩崎弥太郎の評判がよくなかったので、荘田も最初は入社を渋った。

しかし、福沢はその本社を訪ねて、店に飾ってあるおかめの面に感服し、荘田に入社を勧める。

いずれにせよ、「腕力武勇」に代わる「学識、徳義」および「商工殖産」という福沢の思想の下に、犬養毅も尾崎行雄も育った。

「おかめの愛嬌で頭を下げろ」

「人は相撲や役者の場合のように、政治家にも贔屓(ひいき)があります。私は後藤伯爵が大の贔屓です。廟堂に立たせて、思う存分手腕を伸ばさせて見たいものですね」

福沢は後藤象二郎の夫人にこう語ったことがある。豪放磊落(らいらく)で小事にこだわらない性質をもち、伝統的習慣に頓着しない自由の思想を発揮する後藤を評価していて、その後藤の窮状を救うため、福沢は岩崎弥太郎の力を借りようとする。

もちろん、同じ土佐出身で後藤と岩崎は互いによく知っていた。それどころか、後藤の娘が弥太郎の弟の弥之助に嫁いでいる。しかし、度重なる尻ぬぐいで岩崎は辟易していた。

「情誼は情誼、金は金、そうそうキリもなくご用も達しかねます」

『福沢山脈』によれば、そうした事情を承知で、福沢は岩崎に会い、

「岩崎さん、わたしはあなたの会社を大変おもしろいと思いますよ」

と言った。そして、その席にいる荘田平五郎を見やりながら、こう続けた。

「荘田君の入社問題のとき、わたしは会社をお訪ねして、あのおかめの面に非常に感心しました。近頃は、ネコも杓子も会社風を吹かせ、

社長や専務、常務などと肩書をつけて世間の人間よりも一段偉いかのようにうぬぼれているが、これは鼻もちなりません。しかるにあなたのところは、そういう思い上がりをたしなめ、お客に対しては、おかめの愛嬌で頭を下げろと教えてある。いや、そうでなくてはなりません。それは卑屈になるということじゃないのですから」

これには岩崎も相好を崩して、

「そうですか。他ならぬ福沢先生にそうおっしゃられると、まことにありがたい」

と喜んだ。

「それについては私にこういう体験がございます。私はもと軽輩ながらも武士のはしくれでしたが、岩崎社長の事業に加わり、三菱と染めぬいたハッピを着て得意まわりをさせられたときは、骨身に徹するくやしさでした。すると社長にいわれたのです。得意先の番頭や小僧に頭を下げると思うならハラも立つが、金に頭を下げると思えばガマンができよう。今この扇子を貴様にやるから、今後ハラが立ったときはこの扇子を出してみろ。その扇子には小判が一枚貼りつけてありました。ハッピと前だれの精神、これがわが社の社風と申せましょう」

と口をはさんだのは石川七財という男だった。福沢はそれを聞いて、それこそが自分がいつも塾生に言っている独立自尊、自労自活の処世の姿だと膝を打つ。拝金宗と貶されても怯まなかった福沢の面目躍如だろう。

改進党を支援した岩崎弥太郎

福沢は岩崎弥太郎に会い、岩崎が率先垂範して優秀な部下を育てているのだから、事業が発展するのも当然だ、と賞める。

それで機嫌がよくなった岩崎は、

「先生のようなお方が商売をやられたら、きっと成功して大金持になるでしょうに、おしいことですなあ」

と返す。日本一の学者に向かって失礼な言い方だと、慶応から三菱に入った第一号の荘田平五郎はヒヤリとしたが、福沢は怒ることなく、

「そうですかね」

と受け、こう続けた。

「わたしも金は欲しいと思いますよ。また、商売のりくつもひと通りは知っているつもりです。だが、わたしの性分として何分手を出す気になれません」

『福沢山脈』によれば、それに対して岩崎は、

「金持がいいとはいうが、決してはたで思うようには愉快なものではありませんからね。たとえば食物にしたところで、二匹の鯛を一人で食えるものでなく、衣食住など、いかに贅沢をしてもタカがしれとる。しかるに金をもうける心配苦労というものは、じつに容易なものじゃありません。三菱で最初上海に汽船の往復をはじめたとき、もとよりボロ船でしたから、この船は今度かぎりでよそうと思いながら、かわりの船を買う余裕がないので、今一度、今一度とそのボロ船を出

してやって、それが無事に帰ってくるまでの心配というものは命がちぢまるようでした。金もうけには、こんな冒険もやらねばならぬことがありますす。これを思うと、あなたのように一本の筆をもって、思うままに天下の人心を左右されるのはさだめし心の中から愉快でしょう。金持になるよりは、やっぱりその方が面白いでしょうな」

と言って莞爾として笑ったという。

福沢が岩崎を賞めたのはその場のリップサービスではなかった。なぜ、大学卒業生を採るのかという福沢の問いに、岩崎はこう答えている。

「いわゆる教育のない連中ばかりを、はじめのうちは使っていました。彼等はたしかに従順で、つねにいうがままに動いてくれますから、当座の用には役に立って便利なようですが、何分教育がないため、物事の軽重を知りません」

それで学校出を採用したら無愛想で、まるで客を追い払おうとしているかのようだが、反面、むずかしい談判などはできる。だから書生をならしてその外面を俗化させる方がいいと判断したという。犬養毅や尾崎行雄が属した改進党のバックには、この岩崎がいた。

第十一章　「脱亜論」と金玉均

無署名の論説も収録された『福沢全集』

福沢を高く評価する者にとっても、福沢の「脱亜論」は躓きの石となる。しかし、『時事新報』に発表された福沢の脱亜思想が、本当に福沢の書いたものなのか。平山洋（よう）は丹念な検証によって、それを否定した。その著『福沢諭吉の真実』（文春新書）の「はじめに」に平山は、明治十八（一八八五）年三月十六日発表の「脱亜論」などは「それまでの福沢の思想を無為にしかねない侵略賛美の論説として悪名が高い」が、『福沢全集』所収の「時事新報論集」はその大部分が無署名であり、福沢の没後数カ月経って掲載された論説まで収録されていると指摘する。同紙創刊号の社説に「本紙初発之趣旨」と題して、「我輩」が「其論説の如きは社員の筆硯に乏しからずと雖ども、特に福沢（諭吉）小幡（篤次郎）両氏の立案を乞ひ、又其検閲を煩はすことなれば、大方の君子も此新聞を見て、果して我輩の持論如何を明知して、時としては高評を賜はることもあらん」と説明されている。もちろん、福沢の署名入りの社説もあったが、無署名の場合の「我輩」はその時々の主筆を指すことが多かったのである。福沢がその事情を『福翁自伝』でこう書いている。

「私も次第に年をとり、何時までもコンナ事に勉強するでもなし、老余は成る丈け閑静に日を送る積りで、新聞紙の事も若い者に譲り渡して段々遠くなつて、紙上の論説なども石河幹明、北川礼弼（れいすけ）、堀江帰一などが専ら執筆して、私は時々立案して其出来た文章を見て一寸ちょい加筆する位にして居ます」

平山は、「我輩」たちに、中上川彦次郎、波多野承五郎、高橋義雄らも挙げ、高橋と石河の間には角逐（かくちく）があったと論を進める。そして、福沢が脳卒中で倒れるまで石河を主筆にしなかったのは、とりわけ石河の膨張主義的思想を好まなかったからだとし、後継者としては高橋を、高橋が実業界に去ってからは北川礼弼を考えていたのではないかと推測する。

茶人としても有名な高橋は『箒のあと』という回顧録にこう書いて

いる。『時事新報』社説のデビュー作「米国の義声天下に振ふ」をめぐってである。

「此論説は当時支那が朝鮮を付属国の如く取扱って居るのを、日本を始め諸外国が指を咥へて観て居る其面前に、米国がフード将軍を駐箚使節として朝鮮に送って其独立を認めたと云ふ痛快なる処置を賛嘆した者で、（福沢）先生は此文を見るや非常に賞賛して其夜晩餐を賜はり、日本膳の上に西洋料理を並べ、傍に侍座してお酌をして居られた奥さんに『今日は高橋さんが名文を書いたので、明日は新聞の社説に載るのだが、実に能く出来たよ』と如何にも嬉しさうに語られたので、私は大に面目を施し、生涯に是れ程嬉しく感じた事はなかつた」

福沢像を歪めた石河幹明

平山洋は『福沢諭吉の真実』（文春新書）で『福沢全集』に入っている『時事新報』の論説について、無署名のそれを分類すれば、次の四種類になるはずだと指摘する。

一、福沢がすべてを執筆した「福沢真筆」

二、福沢が立案して社説記者が下書きをし、さらに福沢の検閲を経た「福沢立案記者起稿」

三、記者の持ち込み原稿に福沢が添削を施した「記者立案福沢添削」

四、全面的に記者が執筆して福沢はまったく関与していない「記者執筆」

厳密に言えば、一と二のものしか全集には収録できないのに、最初の編者の石河幹明はそれらを区別せず、福沢の考えとは百八十度違う論説も全集に含まれてしまった。大体、福沢は中上川彦次郎宛ての書簡で、「石河はまだ文章が下手にて過半は手入れを要す」とか、「石河はあまりつまらず」と書き、評価していなかったが、それに気づいた石河は、福沢への恫喝的クーデター騒ぎを起こしている。「もちろんこの事件について石河自身は『福沢諭吉伝』その他でも一切口をつぐんでいる」と平山は手きびしい。つまり、石河は『福沢全集』の「時事新報論集」を歪めたというのである。

「考えられる理由の第一は、書きつつあった『福沢諭吉伝』にとって不都合な論説はあらかじめ排除される必要があったということである。石河は全く中立な立場で伝記の資料を集めたわけではない。彼の福沢像は、国権拡大のために常に軍備増強を図り、そのために官民調和を唱える思想家というものであった。さらに最初のうちこそ朝鮮の独立を支援するなど愚かな振る舞いもしたが、その不可能を悟るや一転して真の敵である清国との戦争に備えて数々の提言を行い、さらには勝利後の中国分割をも視野に入れていた先見性のある戦略家でなければならなかった。それゆえに、たとえ福沢筆だと分かっていても、その虚像にそぐわない論説は採られるべきではなかったのである」

石河をこう弾劾した平山は、福沢が発作を起こした後、「福沢とは何の縁もゆかりもない諸論説」を福沢の指示によると称して書いたとトドメを刺す。たとえば明治三十三（一九〇〇）年六月二十一日発表の「国の為めに戦死者に謝す」である。福沢はこのころ口も利けず字も書けなかった。

「思ふに日清戦争は我国空前の一大外戦にして、連戦連勝、大に日本の威武を揚げ、世界に名声の嘖々（さくさく）たるを致したれども、支那兵の如き、恰も半死の病人にして、之と戦うて勝ちたりとて固（もと）より誇るに足らず。日本人の心に於ては本来対等の敵と認めず、実は豚狩の積りにて之を遇したる程の次第なれば、外国の評判に対しても密に汗顔の至りに堪へず」

徳富蘇峰をライバル視した石河

「支那兵」を「豚」呼ばわりした論説は、福沢の指示によって石河幹明が起筆したと全集に注記されている。しかし、平山洋が『福沢諭吉の真実』で指摘するように、当時、「口も利けず字も書けなかった」福沢がそんなことができるはずがない。これらは「純粋に石河が書いた」ものだった。平山は「石河の差別的な言辞は、第二次世界大戦後半世紀以上を経た現在に至って、福沢の名をおとしめるのに大きな役割を果たしている」と思う。

そして、福沢と石河は次の三つの点で異なる、と書いている。

第一に、石河は福沢と比べて天皇への尊敬心が甚だしく深い。第二に、国際関係を経済的側面から考えることをせず、具体的な政治的勢力範囲として捉えがちである。つまり、石河は福沢と違って理性的に考えず、情動的なイデオロギーを優先させるということだろう。そして第三に、中国人と朝鮮人に対する民族的偏見が非常に強い。

それが「福沢の著作はいつまでも若々しいのに、弟子のほうがずっと爺くさい」という皮肉な結果をもたらしている。

たとえば福沢真筆の「支那人親しむ可し」（明治三十一年三月二十二日）など、福沢の筆として発表された「国の為めに戦死者に謝す」に自ら反論していると言ってもいい。

そこで福沢は、日清戦争後に日本国内に渦巻いた清国蔑視をたしなめ、こう結んでいるのである。

「彼の国人の平生を見れば、運動遅緩にして活発の気風を欠くに似たれども、是れは其国の大にして自から動くに便ならざるが為めに外ならず。一たび動くときは案外に驚く可きものあらんなれば、決して因循（いんじゅん）姑息を以て目す可らず。況んやチャン〳〵、豚尾漢など他を罵詈するが如きに於てをや。仮令（たと）ひ下等社会の輩としても大に謹しまざる可らず。日本人たるものは官民上下に拘はらず、自から支那人に親しむの利益を認め、真実その心掛を以て他に接すること肝要なりと知る可きものなり」

平山は評伝『福澤諭吉』（ミネルヴァ書房）では、石河は『時事新報』のライバル紙『国民新聞』の主宰者、徳富蘇峰をライバル視し、福沢を国家膨張論者に歪めてまでも同世代の国民的思想家、蘇峰に一矢報いようとしたのではないかと推測している。しかし、「あくまで諭吉の影にすぎない石河は、蘇峰と敵対するにも、諭吉の名前を借りてでなければ、相手にもされないような存在」であり、「悲しいかな、石河の眼差しは蘇峰に向いていたとしても、蘇峰の目は諭吉本人にしか向けられてはいなかった」という。

在籍した菊池寛の『時事新報』批判

『時事新報』は昭和十一（一九三六）年暮れに廃刊となったが、作家で文藝春秋社の創始者でもある菊池寛が大正五（一九一六）年から三年余り記者として在籍していた。それで『文藝春秋』の昭和十二年二月号にこんな一文を書いている。

「時事新報が解散した事は、新聞雑誌界に於ける一つの悲劇だ。殊に、僕などは、大正五年から足掛四年ばかり、同社の粟（ぞく）を食んでゐた丈に、更に感慨が深い。僕の在社当時は、同紙は一流中の一流として、信用品格とも他紙を圧するの概があつた。が、その後、大正の末期から昭和の初にかけて、経営に人材を得なかつた為に、今日の悲運を招いたのであらう。同紙が有力なる財閥を背景としながら、財政的破綻に苦しんだなど、結局新聞雑誌の経営は、金よりも人の問題であることを感ぜしめる。さるにても、自分の在社当時から、引きつゞいて奮闘してゐた老主筆石河幹明氏などの胸中は、察するに余がある。

たゞ、自分は同社に居た時から、慊（あき）たらぬ事が一つあつた。それは、福沢翁の精神の一つは、旧形式の破壊であつた。実利本位に、古い形式を破壊することであつた。所が、福沢翁を尊敬するあまり、福沢翁のやり方が、同社に於ては、忽ち一つの形式になつてゐた。そして、その形式を厳として尊重するのであつた。福沢翁の本当の精神は、古い形式の破壊であつたから、たとひ福沢翁のやり方でも、時勢に連れて、どん〳〵破壊して行くことこそ、福沢翁の本当の精神ではないかと自分は思つてゐた。福沢翁の本当の精神を摑むことが出来なかつた事なども、同社の衰運を招いた原因の一つではなかつたかと思ふ」

平山洋は『福沢諭吉の真実』にこれを引いた後で、「二〇代の一介の記者にしてこれだけのことを洞察していた」菊池を「さすが」と礼讃し、そして、「この引用の後半で暗に批判されているのは、明らかに石河のやり方である」と断定している。菊池は、石河がこれを読むことを見越して、それをはっきりとはさせなかったのだという。

さて、明治十八(一八八五)年三月十六日の『時事新報』に社説として掲載された「脱亜論」だが、署名は入っていない。

「世界交通の道、便にして、西洋文明の風、東に漸し、到る処、草も木も此風に靡かざるはなし。蓋し西洋の人物、古今に大に異るに非ずと雖ども、其挙動の古に遅鈍にして今に活発なるは、唯交通の利器を利用して勢に乗ずるが故のみ」と書き出され、「我日本の士人は国を重しとし政府を軽しとするの大義に基き、又幸に帝室の神聖尊厳に依頼して、断じて旧政府を倒して新政府を立て、国中朝野の別なく一切万事西洋近時の文明を採り、独り日本の旧套を脱したるのみならず、亜細亜全洲の中に在て新に一機軸を出し、主義とする所は唯脱亜の二字に在るのみ」と続く。

「脱亜論」を行動によって判断したい

平山洋は前掲『福沢諭吉の真実』で、「脱亜論」はアジア蔑視ではないと強調する。批判と蔑視はまったく違うからである。

平山によれば、福沢は文明の政治の条件として、次の六点を挙げる。

一、個人の自由を尊重して法律は国民を束縛しないようにすること。
二、信教の自由を保証すること。
三、科学技術の発展を促進すること。
四、学校教育を充実させること。
五、産業育成のため適正な法律による安定した政治を営むこと。

六、国民の福祉向上に常に心がけること。

こうした文明観に立って「脱亜論」は展開される。そして、日本は文明化されているが、「然るに爰(ここ)に不幸なるは近隣に国あり、一を支那と云ひ、一を朝鮮と云ふ」と続く。この二つの国の国民が「古風旧慣に恋々するの情は百千年の古に異ならず、此文明日新の活劇場に教育の事を論ずれば儒教主義と云ひ、学校の教旨は仁義礼智と称し、一より十に至るまで外見の虚飾のみを事として、其実際に於ては真理原則の知見なきのみか、道徳さへ地を払ふて残刻不廉恥を極め、尚傲然として自省の念なき者の如し」となる。

このままでは二国とも独立を維持することができず、いずれ、世界文明諸国によって分割されてしまうだろう。

そして、この二国と日本は西洋人の目からは同じに見えるかもしれないのである。

「例へば支那朝鮮の政府が古風の専制にして法律の恃む可きものあらざれば、西洋の人は日本も亦無法律の国かと疑ひ、支那朝鮮の士人が惑溺深くして科学の何ものたるを知らざれば、西洋の学者は日本も亦陰陽五行の国かと思ひ、支那人が卑屈にして恥を知らざれば、日本人の義侠も之がために掩はれ、朝鮮国に人を刑するの惨酷なるあれば、日本人も亦共に無情なるかと推量せらるゝが如き、是等の事例を計れば枚挙に遑あらず」

福沢が伊藤博文らに嫌疑をかけられて憤慨した「であらう」ではない。「あれば」である。そして、よく知られた結語に入る。

「左れば今日の謀を為すに、我国は隣国の開明を待て共に亜細亜を興すの猶予ある可らず、寧ろ其伍を脱して西洋の文明国と進退を共にし、其支那朝鮮に接するの法も隣国なるが故にとて特別の会釈に及ばず、正に西洋人が之に接するの風に従て処分す可きのみ。悪友を親しむ者は共に悪名を免かる可らず。我れは心に於て亜細亜東方の悪友を謝絶するものなり」

この無署名の「脱亜論」が、たとえ福沢の筆になるものだとしても、私は福沢の行動によって、その真意を判断したい。

敗北宣言としての「脱亜論」

福澤大四郎の『父・福澤諭吉』の冒頭、「父の家庭生活」の章に、

「朴泳孝、金玉均その他四、五名の朝鮮人がずっと泊まり込んでいたこともある」とある。

とりわけ金玉均の面倒を福沢は見たのだが、私は「脱亜論」その他の言論よりも（仮にそれがすべて福沢の真筆だとしても）、金に対する行動によって、福沢がアジア蔑視主義者だったかどうかを判断したい。

福沢と金は、大四郎が生まれる前からのつきあいで、金は大四郎たちとよく一緒に箱根に行ったという。

大四郎の筆で、金の事蹟を追えば、こうなる。

「金玉均は朝鮮の独立運動について父の指導助力を乞い、父がまた独立助成の目的を達するため、金の熱誠に対して大いに助力を惜しまなかったことはいうまでもない。金銭的にも少なからず援助した。明治十七年の十二月京城で大騒乱が起こり、その中心人物だった金玉均、朴泳孝その他の者は日本に亡命し、内外慈善家の助力で安穏のうちに日々を送っていた。しかし、十八年の末、日本政府は国事犯たる金玉均を日本におくことは、朝鮮政府に対して友誼上よろしくないと考え日本退去を促した。しかし、金玉均が渡航費の持ち合わせがないというので、小笠原島に追放することに決定、警部田健治郎は三十余名の部下を率いて金を品川から秀郷丸で送った。金は出発直前まで田と碁を闘わしていたという。小笠原にも刺客が入りこんで危険極まりないので、父が政府へ話し、金は一時内地に戻されたのち、北海道に放逐された。のち(二十三年)許しを得て東京に帰ることができたが、生活苦から奸者（かんじゃ）の乗ずるところとなり、明治二十七年上海で狙撃されて死んだ。父は金の未亡人と遺児の一人娘を東京に引取って生活をみてやろうとさえ思った。父は金が上海で惨死すると知るや、駒込真浄寺の住職寺田福寿に法名を選ばせて、その位牌を自家の仏壇に安置して法要を営んだ」

大四郎によれば、金と一緒に福沢家に泊まり込んでいた朝鮮人の一人が金ぶちの名刺をつくって、福沢に、

「朝鮮の独立運動だとか何だとかいって人の厄介になりながら、そんな立派な名刺を造るとは何事だ」

と叱られたことがあるという。

『福沢諭吉選集』（岩波書店）第七巻の解説に坂野（ばんの）潤治は「明治十四

年初頭から十七年の末までの福沢の東アジア政策論には、朝鮮国内における改革派の援助という点での一貫性があり、『脱亜論』はこの福沢の主張の敗北宣言にすぎない」と書いている。これを福沢のアジア蔑視観の開始だとかいう評価ほど見当違いなものはないというのである。

金と福沢の出会い

明治維新で活躍した人物として指を屈せられる西郷隆盛や河井継之助が、いずれも郷里の若者たちに福沢の塾へ入るように勧めたことはよく知られている。

岳真也の『福沢諭吉』白秋篇（作品社）によれば、長岡藩の家老だ

った河井は死の床で、

「もはや武家の世は終わる……世の中は変わるでや」

と呟き、股肱の若者たちに、

「よいな、おみしゃんたち。刀なんぞ棄てて、商人になるがよい」

と言って、慶応義塾への入門を勧めたのである。

福沢の『文明論之概略』などを読んでいた西郷も同じように福沢の塾へ入ることを勧めたのだが、そんなことも聞いて西郷に親しみを持っていた福沢も、彼の「征韓論」には賛成できなかった。

西郷がそれによって下野した明治六（一八七三）年の秋、福沢は「亜細亜諸国との和戦は我栄辱に関するなきの説」を発表した。そして、朝鮮における日本人の排斥運動などは「恰も手足の疵の如」きもので心配することはなく、それよりも、日本が朝鮮に出兵などして支那大陸に進出している欧米列強と摩擦を起こすほうが大問題だと指摘したのである。

「抑も征韓論とは何れより来りしものなるや。天より降るに非ず、地より生ずるに非ず。征韓を以て日本国の利益と思ふ人の口より出たる議論なり。其人は木石に非ず、水火に非ず。正に人身を具して道理を弁ず可き人類にして、然かも愛国の情に乏しからざる人物なれども、唯其所見近浅にして方向を誤るのみ」

岳真也が書いているように、この文中の「人」とは明らかに西郷を指しており、「やんわりといいなすがごとき筆致ではあったが」、征韓論を主張した彼を批判していた。

そんな福沢を「征韓論」に通ずる「脱亜論」者と見ることは妥当なのか。金玉均をそこまでと思うほど助けた福沢の行動をたどる時、私は大いなる疑問を抱かざるをえない。

金が福沢を訪ねてきたのは明治十五年六月である。その一年ほど前、柳定秀と兪吉濬（ゆきつしゅん）という二人の朝鮮人留学生が慶応に入っていた。

真っ白の単衣に角帯姿の金は、

「福沢先生デスネ……ワタクシ、タイヘン、オ会イシタカッタ」

とたどたどしい日本語で挨拶した。

「わたしもですよ、金さん。あなたのことは柳くんたちによく聞かされていましたからね」

と福沢が応ずる。

名門貴族の出で、科挙の文科に一番の成績で合格し、朝鮮政府の官吏となった金と福沢のこれが最初の出会いだった。

福沢の影響力を恐れた政府

柳定秀と兪吉濬が留学生として慶応に入った時、福沢はロンドンにいた小泉信吉宛ての手紙にこう書いた。

「本月初旬朝鮮人数名日本の事情視察の為渡来、其中壮年二名本塾へ入社いたし、二名共先づ拙宅にさし置(おき)、やさしく誘導致し遣居候。誠に二十余年前自分の事を思へば同情相憐むの念なきを不得、朝鮮人が外国留学の頭(当)初、本塾も亦外人を入るゝの発端、実に奇偶(遇)と可申(もうすべし)……」

福沢は自分が欧米へ行った時のことを思い出しているのである。さらに朝鮮については、

「……其咄(はなし)を聞けば、他なし、三十年前の日本なり。何卒(なにとぞ)今後は良く附合開らける様に致度事に御座候」

前掲の『福沢諭吉』白秋篇によれば、福沢は十五歳ほど下の金玉均を実の弟のようにかわいがり、別邸に住まわせて知己にも紹介した。

「先生、ワタクシ、イッタン帰国シマス……国ニ帰リ、コンドハモット大勢、若イ人タチ連レテ、戻ルツモリデス」

福沢の教えや日本で見聞したことを生かし、一命を賭して大院君に会って開国の必要性を説いてみせると意気込んで帰国した金だったが、首府の京城は清の軍隊に占拠され、大院君は天津へ拉致されてしまっ

ていた。

それで、古い政治に固執する「事大党」と対決しながら、金は「独立党」の主役として困難な改革の道を模索する。

いずれにせよ福沢は、「朝鮮の民衆の目を覚まさせ、彼らとともに歩むことによってしか、われら日本人もまた救われない」と思っていた。すなわち、頑迷なる日本と朝鮮の政府が福沢の「敵」だったのである。

ちなみに、徳富蘇峰は「東大は伊藤（博文）伯の子分養成所だ」と皮肉ったが、その伊藤の子飼いの井上毅が若者に対する福沢の影響力を極度に恐れ、時の政府首脳の三条実美、有栖川宮熾仁、岩倉具視の三大臣に進言した上言の前文にこう書いている。

「今日ノ謀（ハカリ）コトヲ為スハ、政令ニ在ラズシテ風動（フウドウ）ニ在リ。福沢諭吉ノ著書一タヒ出テヽ、天下ノ少年、靡然トシテ之ニ従フ。其脳漿（ノウショウ）ニ感シ、肺腑ニ浸スニ当テ、父其子ヲ制スルコト能ハズ、兄其弟ヲ禁スルコト能ハズ」

　さらに井上は「諭吉人気」を抑えるこんな案まで、そこに記している。

「一ニ曰（イワク）、都鄙ノ新聞ヲ誘導ス。二ニ曰、士族ノ方嚮（ホウキョウ）ヲ結フ。三ニ曰、中学幷（ナラビニ）職工農業学校ヲ興ス。四ニ曰、漢学ヲ勧ム。五ニ曰、独乙学ヲ奨励ス」

　これを受けて文部省も、中学校の外国語は英語ではなく、ドイツ語を採用するよう勧めたり、儒教に基づく道徳教育の復活に走ったり、果ては官学の出身者以外は校長にしないとの方針まで打ち出した。

「金玉均の乱」成功せず

清からの朝鮮の独立をめざす金玉均は、福沢の助言を受けて、ベトナムをめぐって清と対立しているフランスに借款の申し出をしたり、さまざまに動く。ところが、伊藤博文や井上馨ら、日本政府の態度が定まらなかった。右往左往しているのである。しかし、遂に金らの独立党に味方することにしたのだが、清の袁世凱(えんせいがい)が朝鮮軍の兵士を買収し、いわゆる「金玉均の乱」は不成功に終わる。

明治十七年の暮れ、逃れてきた金らを福沢は自宅に迎えた。

「よく生きておられた……助かって、本当によかったですね」

と言う福沢に、金は、

「福沢センセイ、イロイロゴ支援イタダイタノニ、コノタビノコト、申シワケナカッタデス」

と頭を下げた。

情勢は変わる。

「わずかのあいだに、状況はだいぶ変わってしまっているのだ。日本もいまや、清と新たな条約を結びたがっている」

と説明する福沢に、金は、

「日本政府、ワタシタチ、引キワタシマスカ？」

と心配を口にした。

岳真也の『福沢諭吉』によれば、

「朝鮮政府にかね。さて……」

と福沢は口ごもり、安心できないからアメリカへ行こうかとも考えているという金らに、

「それも一案だがね、当面は大丈夫だろう」

と言い、

「いかに日本の政府が軟弱でも、世界に対する体面というものがある……自国に亡命してきた国事犯を引きわたすような真似はすまい」

と付け加え、当分、自分のところにいて様子を見るようにと結んだ。

この事件で、福沢は政府への失望を新たにする。全権大使として交渉に赴いた伊藤博文は清の李鴻章に、清国軍指揮官の処罰を求めたが受け入れられず、うやむやのまま、天津条約が結ばれた。

日清両国の兵の朝鮮からの撤退、兵を教練する者の派遣の中止、そして将来、朝鮮に派兵する場合は文書をもって告知することの三点が決められただけである。

福沢はその後、フランスと清の間に条約が結ばれた時、『時事新報』の社説で「……其国辱たる所以を論じ、其支那を敬畏するの害を弁じ、其全権使臣の任に堪えざるを歎じ、其新内閣の政略の卑怯なるを憤り、飽くまで政府を攻撃して止むことを知らざるならん」と書いた。フランス政府の弱腰に日本政府のそれを重ねて批判したのである。

金玉均に惚れた福沢

「先生は朝鮮国に惚れている。あれは、ほとんど恋情に近い……それも、まぁ、片思いってやつだな」

慶応義塾の社中にそう言う者があるほど、福沢は朝鮮に恋していた。しかし、それは政府に対してではない。その独立と開化を求める金玉均らに福沢は惚れていたのである。

金らの引き渡しを朝鮮政府は執拗に日本政府に要請した。刺客も放たれ、その一人の池運永を捕えて日本政府は朝鮮に強制送還したが、朝鮮政府の御機嫌をとるように、金に対しても、「十五日以内に日本帝国の領土内より退去すべし」という命令を発した。しかし、日本を離れようとしない金を神奈川県知事が警察に捕まえさせ、小笠原に護送する。

福沢は『時事新報』で、小笠原は日本ではないのか、それとも日限を超えたので政府の方針が変わったのか、と皮肉った。

小笠原で健康を害した金は内地で療養したいと日本政府に申し出、一度、東京に戻された後、北海道に流される。

そんな金に福沢は衣料や食物を送って援助を惜しまなかったが、そのため、福沢自身も政府にねらわれることになる。腹心の井上角五郎が逮捕され、その証人として召喚された法廷で、福沢は、金をそそのかして朝鮮の騒乱を起こさせたのではないかという誘導尋問まで受けたのである。

岳真也が『福沢諭吉』に書いているように、明治十四年の政変に続いて、福沢は改めて、「日本の政府・政権の醜悪な部分をみせつけられた」のだった。

金を助けていたのは福沢だけではない。福沢門下の犬養毅や尾崎行雄らも金銭的な援助を続けていた。しかし、金の苦境は続く。そこに手を差しのべてきたのが洪鐘宇という男だった。李鴻章との交渉のために清に渡るという金に、福沢は賛成できないと言ったが、洪は言葉巧みに金を上海に連れ出し、銃殺した。それを知った李は朝鮮政府に祝電を打ったという。金の暗殺に李も噛んでいたのである。

金の遺体を受け取った朝鮮政府は「陵遅の刑」として金の骸を切りきざみ、首と胴体、手足をバラバラにしてさらしものにした。一方、洪には官職まで与えて厚遇したのである。

福沢は無念だった。腹立たしかった。「脱亜論」でいう「悪友」とはまさに朝鮮の政府要人や李鴻章である。遺体はなくてもねんごろに葬ってやらねばと福沢は金の密葬をした。

それとは別に井上角五郎らが「故金氏友人会」をつくり、「葬送故金氏玉均」と記した大きな旗を押し立てた葬儀をした。それには千余名が参列したのである。

最後に金の話をもってきたのは、金を支持し、助けたという事実をもって福沢の「脱亜論」への悪評を葬りたいと考えたからだった。

おわりに

慶応同窓の産経新聞社長、住田良能（ながよし）と話していた時だった。二〇〇六年『夕刊フジ』に「西郷隆盛伝説」を連載し、それはその後、角川学芸出版から同じ題名で単行本として出たが（現在、同名で角川文庫に収録）、次に誰を書くかが話題になったのである。

「福沢を書く気はないのか」

と住田に言われ、一瞬、虚を衝かれた感じになった。住田には、福沢の創刊した『時事新報』を引き受けた形になっている『産経新聞』として、義塾創立一五〇年に何らかの顕彰をしたいという心づもりもあったらしい。

西郷についてもそうだったが、私はとりわけ福沢に関心を抱いて調べてみたことはない。むしろ、意識的にそれを避けてきたとも言える。塾の卒業生としての照れもあった。

しかし、松下竜一の『疾風の人』（朝日新聞社）を読んでから、俄然、福沢に興味を持ち始めた。『疾風の人』は、福沢の又従弟の増田宋太郎の伝記で、増田は西洋かぶれの福沢を暗殺しようとした人である。

『豆腐屋の四季』で知られる松下は、福沢の育った大分県中津市の福沢旧邸のすぐ近くで生まれた。最期は西郷隆盛に殉じて西南戦争で亡くなった増田も中津の出身である。

松下によれば、太平洋戦争中は、福沢は〝鬼畜米英〟の思想家であり、記念館も荒れ果てていた。それに対して国粋主義者の増田はもてはやされていたが、戦後になって、その位置が逆転する。そのシーソーゲームに私はなるほどと思った。中津に行った時、いまは亡き松下に案内されて記念館なども見ている。

慶応大学法学部峯村光郎ゼミの同期生で、慶応高校では福沢研究会を主宰していたという岸井成格（『毎日新聞』元論説委員長〈現主筆〉）に聞いても、そのシーソーゲームは知らないという。

よし、ここから始めれば、どのくらいいるかわからない〝福沢学〟

の学者たちの鼻も明かせると、連載をスタートさせた。ある意味では、松下竜一さまさまである。

岸井には、別の意味で重要なヒントを与えられた。

岸井は大腸ガンで北里病院に入院し、手術を受けたのだが、担当医から、土屋雅春著『医者のみた福澤諭吉』(中公新書)と山崎光夫著『北里柴三郎』上下(中公文庫)を渡され、是非読めと勧められたらしい。

見舞いに行ったら、読み終えたからと、岸井がそれらをくれた。

まったく知らなかったが、コッホに学んで帰国した北里柴三郎は、東京帝国大学の師というか先輩の誤りを指摘して、門戸を閉ざされ、行きどころを失っていた。その時、緒方洪庵の適塾で福沢の同門だった長与専斎が間に入り、北里を福沢に紹介して、福沢が徹底的に北里を助けることになる。官に対する民、朝に対する野の伸長なくして、日本に民主主義は根づかないと考えた福沢の、いわば思想の実践だった。

私は最初から、福沢の思想の解釈をするつもりはなかった。福沢の思想は現実にどう働きかけ、どう生かされたか。そこに焦点を絞って、「紀行」を続けようと思った。ほぼ半分に達したが、これからをそれほど厳密に考えているわけではない。

縁ということで言えば、一九六三年春に法学部法律学科に入った私の教養での担任が福沢進太郎というフランス語の先生だった。夫人がギリシャ人のオペラ歌手で、その間に生まれたのが、レーサーの福沢幸雄である。

福沢幸雄はトヨタのテストカーに乗っていて事故死し、進太郎夫妻が天下のトヨタを相手取って訴訟を起こしたことなどは、後になってから知った。

あまり風采の上がらない印象だった福沢進太郎という人が、スペイン戦争に市民軍の兵士として参加した唯一人の日本人だったと聞いたのは、わが師の久野収からだったか。

言うまでもなく、進太郎は福沢諭吉の孫である。その孫の話までたどりつけるかどうか、いまはわからない。

右の一文は『三田評論』の二〇〇八年の七月号に「福沢諭吉紀行」

（連載時）の途中談として書いたものである。「紀行」は『夕刊フジ』連載時のタイトルだったが、やはり、諭吉の孫の進太郎の話までは届かなかった。

書き終えて、改めて、諭吉は〝平熱の思想家〟だと思う。時代がどんなに異常で高熱、もしくは狂熱になっても、諭吉は平熱を保ちつづけようとした。それは決して容易なことではない。絶えず、暗殺の恐怖がつきまとったことだけでも、その困難さはわかるだろう。

また、諭吉は門下の馬場辰猪がラディカルな民権家となっても、馬場を支持しつづけた。平熱を超えたかに見える馬場を突き放さなかったところに、諭吉の平熱の真骨頂がある。諭吉の平熱の思想は、クールな平熱ではなく、いわばホットな平熱なのである。

私は、馬場を含む福沢門下生の語る諭吉像から、諭吉の思想がどう生きているかを描こうとした。最終章では、朝鮮独立に殉じた金玉均をあくまでも助けた諭吉の行動によって、その「脱亜論」を覆すことまでしたが、諭吉の言説に拠るのではなく、諭吉についての逸話を積み重ねることで、これまでの福沢諭吉像とは一味違った諭吉像を提示できたのではないかと思う。読者の判断を待ちたい。

二〇〇八年九月二十八日

佐高 信

文庫版へのあとがき

友人の作家、石川好はこの本について、「福沢諭吉という近代日本の言論の光源体周辺に形成された人間群を描くことで、福沢が近代日本に何を残し、その影響がどのようなものであったかを、エピソードをふんだんに盛り込んで書かれた、福沢諭吉『外伝』といえる一冊だ」と評してくれた。

そして「登場する人物は、福沢暗殺を企む、増田宋太郎や朝吹英二らに始まって、福沢の一番弟子ともいえる民権派の馬場辰猪、福沢の強力な支援がなければ日本の医学界から追放されていたであろう北里柴三郎（この件では、いかに東京帝国大学の医学部が傲慢であり、森鷗外ですら北里に意地悪していたことが紹介されている）。急進的思想家、中江兆民、さらには電力の鬼といわれた松永安左衛門、福沢に批判的な三井の池田成彬、再建の神様といわれた早川種三、脱亜論とこれに係わらざるを得なかった金玉均をめぐる人間関係等々」と要約し、「あの佐高信が書くものであるから、ときに本筋からやや外れ、佐高の慶應の同窓生である小沢一郎、小泉純一郎、そしてジャーナリストの岸井成格らも端役として登場し、読者を飽きさせない」と付け加えている。

まさに私の意図したところに焦点を当ててくれているが、私自身はこの本を出した時、『サンデー毎日』のコラムにこう書いた。手紙の形をとってである。

〈拝啓　福沢諭吉様

今度、『夕刊フジ』に連載した「福沢諭吉紀行」を改題して『福沢諭吉伝説』（角川学芸出版）を出しました。いくら、あなたが「古来文明の進歩、其初は皆所謂異端妄説に起らざるものなし」と『文明論之概略』で喝破しているとはいえ、慶応出の異端児と目される私が、あなたの評伝を書くのは、あなたにとって本意ではなかったかもしれません。

つい最近も橘木俊詔著『早稲田と慶応』（講談社現代新書）で、私は「彼の言動に接する人は、慶応出身と聞くと一瞬耳を疑うかもしれない」と書かれました。

しかし私は、〝電力の鬼〟と称された松永安左ェ門などと共に、私こそがむしろ福沢門下生だと言いたい気持ちになっています。

朝に対する野、官に対する民の伸張なくして民主主義はありえないと説いたあなたの精神に反して、多くの慶応の卒業生が民間に生きる者の誇りを失い、朝や官に近づいて〝政商〟まがいの行動をとっているからです。それが顕著に出ているのが勲章の問題でしょう。

あなたはもちろん拒否されたわけですが、あなたの精神を最も体現していると言っていい松永安左ェ門はさらに激しく次のような遺書を残しました。

「一つ、死後の計らいの事、何度も申し置く通り、死後一切の葬儀、法要はうずくの出るほど嫌いに是れあり。墓碑一切、法要一切が不要。線香類も嫌い。

死んで勲章位階（もとより誰もくれまいが、友人の政治家が勘違いで尽力する不心得かたく禁物）これはヘドが出るほど嫌いに候。

財産は倅および遺族に一切くれてはいかぬ。彼らが堕落するだけです」

あなたはご存じないわけですが、あなたに傾倒して『人間 福澤諭吉』（実業之日本社）を語った松永は、戒名まで要らぬという徹底ぶりでした。勲章は現在でも政治家が一番上で次が役人、民間人はその下に位置づけられています。それどころか、たとえば電力なら経済産業省、銀行なら財務省に申請して決められるわけで、その企業のトップが勲章がもらいたいなら所管の役所には楯突けない仕組みになっているのです。役人ならぬ厄人が企業をコントロールする道具となっているこんなものを、慶応の卒業生までもが争って欲しがるようになるとは、あなたも想像できなかったでしょう。

戦争中はあなたの評価は低く、故郷の大分県中津の記念館も荒れ放題でした。〝鬼畜米英〟の思想家とされたからです。戦後に復権したわけですが、私はあなたを〝平熱〟の思想家と名づけました。決して軽んじてそう規定したのではありません。

時代が異常なまでに高熱、もしくは狂熱となっても、いや、そうなればなるほど平熱を保ちつづけようとしたと思うからです。それは決して容易なことではないでしょう。暗殺の危険が常につきまとったことだけでも、その困難さはわかります。
また、あなたは門下の馬場辰猪がラディカルな民権運動家となっても、最後まで馬場を支持しつづけました。平熱を超えたかに見える馬場をあくまでもかばいつづけたところに、私はあなたの平熱の真骨頂を見ます。あなたの平熱は、いわばクールな平熱ではなく、ホットな平熱だったのです。
最終章では、朝鮮独立に殉じた金玉均を援助しつづけたあなたの行動によって、「脱亜論」を覆すことまでしたのですが、これは論議を呼ぶかもしれません。〉
『福沢諭吉と日本人』と題名を変えて再び世に問うこの本が、さまざまな「論議を呼ぶ」ことになれば、著者としては嬉しい。
最後に解説を書いてくれた、二十歳から五十年近いつきあいの岸井成格さんにお礼を言いたい。

二〇一二年六月十八日

佐高 信

解説

岸井成格

福沢諭吉とは、どんな人物だったのか――。佐高さんは、この難解で興味尽きないテーマに挑み、これまでとは一味も二味も違う「福沢諭吉像」を示してくれた。

読んでいると、突然、目の前に福沢諭吉「先生」が姿を現わし、その息づかいまでが直接伝わってくるような気分にさせてくれる。

それは、著者が〝タネ明かし〟しているように、従来の常識や福沢自身の言説から離れ、多彩な「福沢人脈」の断片的な逸話の積み重ねによって浮き彫りになった人物像だ。

そこに通底する福沢の思想、行動、人生観について、佐高さんは独特の視点から「平熱の思想家」と呼んでいる。それも〝過激〟に温かい眼差しを向け、時に諭す〝ホット〟な平熱であり、そんな福沢が織りなす人間模様は、そのまま「文明開化」の近代日本を読み解く、歴史物語にもなっている。

福沢には実に様々な顔がある。整理するだけでも大変だ。「封建制度は親の仇でござる」と言い切り、近代文明の先導役としての思想家、啓蒙家であり、慶応義塾を創設し、常に人材育成に尽した教育者でもあった。また「時事新報」の創刊という言論人、新聞人としても先駆的で影響力の大きな存在だったことも忘れてはならない。

さらに在野にあって、政界、経済界にも多くの人材を輩出したが、政治の表舞台に立つことはなかった。それでも福沢自身は「私は開化日本の筋書きをかく。私は政治に関する限り、いつでも作者の立場、もしくは観客の立場で満足していたし、またそれを押しとおすのが、自分本来の役目と心得ていた」と、門下生の一人で〝電力の鬼〟と呼ばれた松永安左衛門に語っていた。

松永は今、「フクシマ」の原発事故を契機に、どこまでも電力の国有化に反対を続けて〝弾圧〟された経歴が注目を集めているが、こうした逸話から、福沢は政治において時に演出家だったことも透けて見えてくる。

一方、経済についても面白い逸話が紹介されている。三菱財閥の創始者、岩崎弥太郎に「先生のようなお方が商売をやられたら、きっと成功して大金持ちになるでしょうに、おしいことですなあ」と水を向けられると、福沢は、

「わたしも金は欲しいと思いますよ。また、商売のりくつもひと通りは知っているつもりです。だが、わたしの性分として何分手を出す気になれません」

と応じ、岩崎に次のように言わせている。

「あなたのように一本の筆をもって、思うままに天下の人心を左右されるのはさだめし心の中から愉快でしょう。金持になるよりは、やっぱりその方が面白いでしょうな」

福沢の言う性分と同時に「全国民の脳中に開化の思想を」と思い続

けた、歴史の転換期特有の思想家、教育者、言論人の使命感の強さが見てとれる。福沢は時代の激変について「一身にして二生を生きるが如し」と、幕末と維新という全く別の時代、別の世界を生きているという実感につき動かされていた。

時代背景といえば、命を狙われる「暗殺の恐怖」についても、しばしば語っていた。家族にも他人にも具体的に語ったり、相談したことはなかった。「迷惑をかけ大ごとになるだけ」だが「その怖しさは経験したものにしか分からず、会う人全てが暗殺者に見えてきた」という。

外国で手術の場に立ち会って卒倒するほど「血をみるのも嫌い」という福沢だが、佐高さんは「暗殺の恐怖と闘いながら発する言説、行動だからこそ重い」と評価する。

暗殺といえば、佐高さんは本書を故郷、大分・中津の又従弟、増田宋太郎が福沢を「西洋かぶれ」「亡国の徒」として命を狙う因縁話からスタートさせた。福沢と増田の時代とともに評価が二転三転する〝シーソーゲーム〟もさることながら、後々、増田は慶応で世話になり、自由民権運動にも心ひかれ、遂には西郷隆盛の「西南戦争」に参戦して命を落とす。

西郷は、福沢の『文明論之概略』を愛読していたこと、また西郷を賊として「征討令」を出した明治新政府に、福沢は思いとどまるよう建白書まで書いていた。西郷について福沢は「尊王の志は今も昔も変わっていないし、道徳品行の高いことも昔と同じ」と説いている。

そうなると悪いのは新政府ということになるが、少なくとも福沢は「西郷の言い分を良く聞くべきだ」という立場をとった。

因縁といえば、佐高さんは本書に先立って『西郷隆盛伝説』を刊行している。佐高さんが意図したわけではないと思うが、この因縁は、とても偶然とは思えないほど符合する逸話も多い。

西郷には「命もいらず、名もいらず、官位も金もいらぬ人は、始末に困るもの也」という有名な『西郷南洲遺訓』がある。しかし、そういう人でなければ「天下の大事は託せない」という究極の人生訓だが、これは福沢自身もそうであったし、福沢の人物観に通底していて興味深い。

これは、幕臣でありながら新政府の要職に就いた勝海舟に対して

「痩せ我慢」の必要性を説いた、身の処し方にも通じる。これに勝は「行蔵は我に在り、毀誉は他人の自由」と反論したのも、有名な処世訓となった。要するに「評価、評論は自由だが、出処進退は自らの判断で決める」というものだ。

どちらにしても、福沢の身の処し方、西郷擁護の姿勢、さらに西郷の生き様に共通するものは、「潔い生き方」であって、決して卑しい、品の悪い生き方はしないという決意であり、覚悟だった。

「野にして、粗にして、卑にあらず」——これほど強い「人間力」もないだろう。福沢が西郷に見たもの、共感したもの、そして佐高さんが一貫して追ってきた人間観察の基準にもなっているようだ。

本書は、同時代の思想家、中江兆民との比較や、〝過激〟な言論人、馬場辰猪へのエール、さらに福沢人脈で福沢精神の体現者と見ることもできる二人の「憲政の神様」、尾崎行雄（咢堂）、犬養毅（木堂）との興味深い師弟関係や逸話が盛られ、前述したように松永安左衛門に直接語った福沢の「生」の声や息づかいが楽しい。

そして意外な展開によって、本書をこれまでの福沢論とは一味も二味も違うものにしたのが、医学界の〝巨星〟北里柴三郎と、朝鮮の独立運動の闘士、金玉均との関係だ。

福沢は二人の苦境を助け、どこまでも支援を続けた。

ドイツ留学から帰国した北里は、伝染病研究所の設立を考えたが、文部省や旧東京帝大などの陰湿な圧力で道が閉ざされていた。それを聞いた福沢は「国家の損失、国の恥だ」とまで言って怒り、北里に対しては「学者を助けるのはわたしの道楽だ」と言い、学者＝酒飲み論を披露していた。

「酒飲みは黙っていても我慢できずに飲む。学者も学を好んで、放っておいても研究に励む。だが、いまの北里くんは気の毒だ」と、広大な土地を無償で提供した。

これは福沢の「独立」「自由」の思想と分かち難く、その実践でもあった。権力の圧力への「反骨」「抵抗」でもあった。

このことは金玉均への支援も同じだった。朝鮮政府や日本政府の身柄引き渡し要求にも応じないで匿まった。「一身の独立、自由なくして、一国の独立、自由もまたない」と生涯説き続けた福沢の「開化思想」の揺るぎない信念だった。ために暗殺の〝恐怖〟にも耐え続けなければならなかった。

金玉均との逸話から、佐高さんはさらに踏み込んで、福沢のいわゆる「脱亜論」は本当か？　と疑問を投げかけた。

「脱亜論」は福沢評価で最も難しい論点の一つであり続けている。短絡的に言えば「開化」は欧米賛美、日本の欧米化に他ならず、それは必然的にアジア蔑視につながり、中国、朝鮮への侵略、支配を正当化するものになったというものだ。

「脱亜論」の根拠の多くは『時事新報』の無署名の社説であり、それは福沢の筆によるとされてきた。

しかし、佐高さんは、当時の厳しい時代背景の中で、あえて金玉均をかばい続けた行動から、巷間伝えられる「脱亜論」に疑問を持ち、無署名の社説も「福沢の自筆かどうかも疑わしい」と問題提起している。当時の時代状況の中で、ある思惑によってゆがめられた可能性にまで言及している。

この問題は今後、改めて再検討されるべき大きなテーマになるだろう。

私は佐高さんが紹介してくれているように学生時代は、一種の〝福沢教〟の信者だった。しかし、いかに不勉強だったかを思い知らされた。冒頭の増田宋太郎との〝シーソーゲーム〟も知らなかったし、金玉均支援の背景も分かっていなかった。「脱亜論」見直しは、実に刺激的なテーマを与えられた感じがしている。

また巡り合わせで、大腸ガン、食道ガンの手術、治療では東京・芝白金の「北里研究所病院」にお世話になった。そこが福沢の土地だったことや、慶大医学部と北里病院の密接な関係なども、入院して初めて知ることばかりだった。

我が家のリビングには、シルクで織った福沢の筆とされる「独立自尊是修身」の縦長の額がかけてある。

佐高さんの『福沢諭吉と日本人』を読んでからは、これまでとは違った福沢の息づかいに触れる思いがしている。

（毎日新聞社・主筆）

本書は、株式会社ＫＡＤＯＫＡＷＡのご厚意により、角川文庫『福沢諭吉と日本人』を底本としました。但し、頁数の都合により、上巻・下巻の二分冊といたしました。

佐高 信（さたか まこと）

1945年、山形県酒田市生まれ。慶應義塾大学法学部卒業。高校教員、経済誌編集長を経て、現在、ノンフィクション作家、評論家として活躍中。「憲法行脚の会」呼びかけ人の一人。『週刊金曜日』編集委員。著書に『平民宰相　原敬伝説』（角川学芸出版）、『昭和　こころうた』（角川ソフィア文庫）、『西郷隆盛伝説』『城山三郎の昭和』（角川文庫）、『石原莞爾　その虚飾』（講談社文庫）、『逆命利君』（岩波現代文庫）など多数。また共著に、『戦争と日本人』『難局の思想』『「村山談話」とは何か』『護憲派の一分』『ケンカの作法』（以上、角川oneテーマ21）、『増補版　日本論』『だまされることの責任』『増補版　貧困と愛国』（以上、角川文庫）、『池波正太郎　「自前」の思想』（集英社新書）など、多数。

福沢諭吉と日本人　下

（大活字本シリーズ）

2021年11月20日発行（限定部数700部）

底　本　角川文庫『福沢諭吉と日本人』

定　価　（本体3,100円＋税）

著　者　佐高　信

発行者　並木　則康

発行所　社会福祉法人　埼玉福祉会

埼玉県新座市堀ノ内3—7—31　〒352—0023

電話　048—481—2181

振替　00160—3—24404

印刷製本所　社会福祉法人　埼玉福祉会　印刷事業部

ISBN 978-4-86596-482-0